U0582688

钇嘉◎著

集雪资本

CollectSnow Capital

经济管理出版社
ECONOMY & MANAGEMENT PUBLISHING HOUSE

图书在版编目（CIP）数据

集雪资本/叶铠嘉著 . —北京：经济管理出版社，2017.6

ISBN 978-7-5096-5080-6

Ⅰ.①集…　Ⅱ.①叶…　Ⅲ.①资本经营　Ⅳ.①F272.3

中国版本图书馆 CIP 数据核字（2017）第 081698 号

组稿编辑：郭丽娟
责任编辑：侯春霞
责任印制：黄章平
责任校对：雨　千

出版发行：经济管理出版社
　　　　　（北京市海淀区北蜂窝 8 号中雅大厦 A 座 11 层　100038）
网　　址：www.E-mp.com.cn
电　　话：（010）51915602
印　　刷：北京玺诚印务有限公司
经　　销：新华书店
开　　本：720mm×1000mm/16
印　　张：13
字　　数：200 千字
版　　次：2017 年 6 月第 1 版　　2017 年 6 月第 1 次印刷
书　　号：ISBN 978-7-5096-5080-6
定　　价：48.00 元

资本运营因金融危机更倍加受重视

自中国改革开放以来，国内的经济呈现过几次周期性的发展阶段。早先由于低度的经济开放，中国经济所呈现的周期基本上是自己经济本身的周期，并且这些周期带有较强的中国政策性或改革性的特点。如今所面临的金融危机再次揭开了改革开放后遭遇全球性经济危机的序幕，然而许多企业也深刻体验到在近几年国家大力推动金融改革的深层含义。

国内的资本市场从长期发展来看，如果没有更加合理的金融预警机制和经济法制保障，未来更大的危机可能来自潜在的世界经济和金融大国。中国逐步开放金融服务市场已是大势所趋，因此，金融服务市场和资本市场的潜在风险也逐渐在加大。

一、金融危机中谁能存活

企业面临运营上的资本压力，在如此艰难的环境下有以下几种坚强存活的企业：

1. 国际水平，资金雄厚

对于具备如此资质的企业而言，金融危机有利无弊，甚至少数的企业还可从中获取更多的商机。虽然大型企业有自己的难处，但因资本市场的运营得当，也造就了维持与发展的基础。

2. 纵向横向，竞争力大

对于具备如此资质的企业而言，其有着一定的市场扩张力，或许现在实力有限，但联盟的意识已遍及相应企业，如此的优势也造就了稳定的市场、资金流动稳定的强大力量。

3. 收缩战线，保存战力

多数中小型企业是处在百病缠身的状态，即使没有金融危机，仍然存在难以为继的状况，懂得断腕自保的企业，可以集中最大优势抵御严重来袭的力量。

4. 改变模式，跨越思维

多数行业都可以生存，但行业的趋势与弱势却导致无法生存，与其耗尽元气不如转换思维，为其增加生存空间，资本运营的思维就在近几年为这些企业争取了倍增式的生存机会，同时也改变了劣币驱逐良币的恶劣竞争环境。

5. 压缩规模，坚守待变

行业趋势的跟风，让多数企业为了转型而变形。每个行业不论市场规模的大小都有着存在的必要，坚守是最难的事，也是多数投机的人所见不到的风险，深藏不露正是这些存活下来的企业所换来的市场生存空间。

6. 兼并收购，投拥靠山

强中自有强中手、一山还有一山高。同业间、跨业间人才、资源、财力超越自己的比比皆是，战略并购、敌意并购等兼并、并购并非都是坏事，不仅有机会共创市场、共享市场，更可以创造发展的顺畅性，为彼此创造更大的财务规模，让彼此都成为彼此的靠山。

二、资本之路

国家虽然大力支持资本市场的发展，可绝不能滥竽充数，企业更别心存侥幸。资本运营虽是未来趋势，但是参与资本运营的企业必须具备社会责任、道德责任的意识，绝不可为了利益而造成国家与社会成本。

大众创业、万众创新是未来的趋势，资本市场运营更是未来优质企业的必经之路，集雪资本模型是站在投资方与被投资方的双向立场探讨资本运营，具实操性、稳定性、安全性、持续性的资本市场运营流程与概念。

投资方阅读后可以清楚地分析如何选定优质企业、优质项目，减少投资失误。被投资方可以依照企业自身状况选择适当的资本运营模式，并逐步增强企业管理、市场、品牌、人才、资本的能力。

企业能挂牌、上市是一种荣耀，投资人能参与投资是一种尊贵。安全、和谐是资本市场不可缺少的平等基础意识。本书在多个章节中的论点均可以让投资人与被投资人在进行资本运营时进行借鉴。希望通过这本书，你可以享受资本运营的乐趣，掌握资本运营的安全范围，为你带来稳定、持续的获利。

闫红昱

深圳前海股权交易中心上市部总经理、资深投资人

序 二

资本运营就是整合优势资源与产业链

从企业的发展过程有创立、成长、成熟等阶段不难看到，相对微观的企业在宏观的社会经济环境和不同发展阶段中，其主导经营手段、发展战略会出现差异。无论在理论还是经营管理实践中，任何企业都离不开资本运作，涉及运用得当与否、运作的广度和深度等问题。在资本运作规模和企业经营业绩稳步增长的基础之上，应不断助力企业实体经济转型升级，做大、做深、做精、做强，加快推进创新发展，并促进企业发展动力逐步渐次螺旋式上升转化。

任何企业都有自身所属的商品或产品，而任何一个商品均需要供应链的组合，未来进行资本运作的企业，也有能力将上下游供应链完整地结合，供应链的整合是在产业链关键环节进行资源整合的一种模式，选定优质的、匹配的资源进行供应链整合，可以优化整合产品线的优势资源。企业对不同来源、不同层次、不同结构、不同内容的资源进行识别与选择、汲取与配置、启动和有机融合，使其具有较强的柔性、条理性、系统性和价值性，并创造出新的资源。优质资源并非一朝一夕获得的，而是需要经过不断的培养、淘汰与挑选，企业在成长与发展过程每个阶段都需要进行不同的资源整合。战略、资金、人脉、产品、客户、渠道、技术、业务流程、信息、品牌等均是整合的重点。

供应链整合也是品牌推广的重要工作之一，例如，国内的农业机械生产上市厂商星光农机，在发展的过程中将所有的代理商、供货商等聚集在一起，提供品牌管理、质量管理、生产管理等多项培训，加强供应链的各方能力，使其自身的产品能得到更多的竞争力，进而从国内的竞争能力转向国际的竞争能力。

资本运营的优势是可以将优质资源与供应链进行一系列的结合，产生"1+1>2"的利基点，为了增强供应链的稳定性和减少供应链整体的财务成本，新时代的供应链研究和探索开始强调提升资金流效率，重塑商业流程。因此，供应链组合体系的攀比将取决于财力雄厚与否，这也是企业寻求大量资金的战略性原因之一。

资本运营在优势资源、产业链整合中关键问题的初步探讨如下：

（1）复杂的（创新的）交易结构既蕴含着为成功实现交易目的（或标的）的关键利益体现，也蕴含着潜在的法律风险。由于中国对金融行业实行分业经营监督管理模式，经济法律法规需要丰富完善，而资本运营呈现明显的金融手段交叉运用的特点，交易结构复杂，投资运作、并购重组中某一环节出现瑕疵，极有可能导致整个交易行为出现法律风险。为适应具体经济环境采取的创新模式或在法律方面没有明确的机制或安排，或这些安排的法律效力因为缺乏法律的明文规定而存在一定的不确定性。

（2）资产管理（资产运营）设计项目初始尽职调查、交易结构安排（包括过渡性安排）、资金投放与投后管理、信息披露等需要克服关联交易和利益冲突。

（3）整合需要规范关联交易，构建利益冲突有效管理机制，充分保障关联交易公平、公正，实现整体效益最佳化，促进管理决策当局做出正确的管理决策。

（4）整合涉及全局，应构建法人防火墙和业务防火墙，隔离风险的传递，从组织形式上增强业务单元的独立性，确保特定业务风险整合后控制在适当范围。

（5）供应链整合国际化发展面临跨国法律风险。合规经营风险不可忽视，不同国家，特别是经济先进国家都有完备的法律法规和监管规定，对于业务准入、产品销售、客户接纳、信息披露、环境保护、人身权益、业务经营方式、分支机构设立条件、内部控制诸多环节有明确要求。开展资本运营管理需要因地制宜地建立规范和标准，研究制定符合监管要求以及自身实际的业务发展战略和运营方案。

　　未来是整合优势资源的时代，优化供应链整合更是成功商业模式的关键环节之一，供应链金融将会被国内更多体质健全的企业多方应用。本书中的结论适合各行业在资本运营时予以参考与借鉴。通过本书，投资方与被投资方均可以安全与稳定地进行资本运营、资本投资，实现资本运营的最佳状态以及风险控制。

　　叶铠嘉先生以多年的企业指导实战经验与资本运作实战经验撰写本书，清晰地介绍了资本运作中诸多有参考价值的观点，是目前国内金融市场少有的集安全性、稳定性、阶段性于一体的资本运营好书，值得投资方与被投资方阅读以及作为资本运营的参考。

谢疆

中国平安集团平安信托有限公司总监

资本市场那点事儿

不久前叶老师来电，说闭关半年，完成了一部关于资本市场的专著，希望能为其作序。

其实本人并非金融专业，只是讲授多年的金融营销课程，发表一些金融营销方面的论文，近年在两本专业杂志各开辟一个与金融营销有关的专栏，2013年新金融火爆以来又指导了几家新金融机构的业务，在金融圈结交了一群朋友，充其量也就是个新金融崛起的见证者，因而应邀为这样一本金融读本作序，一时还真感觉有点儿不知从何下手。

研读了不太长的书稿，期间又与叶老师围绕书稿有过多次交流，方觉终于有话可讲了。国内金融学读本多是从宏观经济或金融机构的立场、利益出发著书立说，而鲜有能站在市场或投资人、被投资人的角度说事儿的。而叶老师这本书，则让人感受到了强烈的来自市场的呼声与气息，更多的内容是站在金融服务的现实需求方，讲给市场或投资人、被投资人听的。书写的角度、立场明显不同于以往，读来颇有新意，从起点就反映了时代的变化、配合着时代的节拍、跟上了时代的步伐。

通读全书，最直接的感触是：金融不再高高在上、高不可攀了，而是环绕在我们周围，是一个为需求者需求、更为需求者服务的角色。于是叶老师笔下的金融就变得更亲民、更普惠了。

当今社会，金融产品或服务已像空气一样不可或缺，随时随地环绕在我们周围，是社会经济运行的基本保障。而长期处于高度监管状态下的中国金融业，近几年的发展被人们视为野蛮生长，其实也仅是刚刚启幕，未来还将有更大更多的发展空间。

开放的市场经济环境中，金融业不过是诸多生意中的一种，是一种买卖，提供着相对特殊的产品或商业服务，与其他商品交易不同的只是买卖对象有着差异。特别是在我国历史上，金融机构在相当长的一段时期都承担着政府主导的社会职能，因而在人们心目中金融便成了高不可攀、深不可测的模样。最近几年随着金融监管的改革，出现了一批民间金融机构，但大家一时还不够适应。同时也正是由于这一点，为一些不法商人蛊惑民众、瞒天过海、大发利市提供了条件。

随着时代的发展、社会的进步，金融的神秘面纱终将褪去，成为生意人的庸常事务、成为寻常百姓生活的一部分。本书在这个特殊历史时期，对推动中国金融业的普惠发展做出了努力。

在本书中，没有苍白的说教，叶老师显然想给读者一套玩转资本市场的方法，抑或工具。为此，本书建立了一套自己的、具有可操作性的资本模型，为各种组织和金融机构的连接架起了桥梁。

在本书中，作者分析了金融服务买卖双方的需求与供给，并为双方这种买卖关系的建立构筑了通道。在通俗易懂地向读者介绍了当下资本市场产品与服务的各种样式及功能的前提下，更为需求者根据自己的需要、选择不同的资本运作模式提供了参照，也为金融机构寻找自己的客户打下了基础。叶老师讲，他甚至联系了一批愿意与集雪资本合作、为金融市场各方提供服务的机构，来为各类组织开展资本运作提供具体实在的帮助。

叶老师骨子里其实是想为资本市场的运行配备一部引擎，为资本市场的各类交易提供实在、有效的撮合，成为资本市场买卖双方的媒人。

未来的集雪资本或将演变成一个线上线下实时高效触发资本市场合理运行的搜索引擎。大家不妨拭目以待。

李原

上海金融学院工商管理学院副院长

资本运作的智慧杠杆

　　资本运作需要有资本运营的智慧和能力。如何拥有资本运营的智慧和能力呢？快速实现资本增值，对于投资者与被投资者来说，都是迫切需要了解的知识。

　　本书从投资者与被投资者的立场探讨资本运营智能和成功逻辑。本书的作者叶铠嘉通过自身实际工作经验，将资本运作理论与实践融合在一起，与大家分享资本运作的智慧、理念。

　　中小型企业的发展需要运用资本杠杆的力度，体质不佳的企业被洗牌的机会更大幅地提升，谁能在乱世中生存，谁能在乱世中脱颖而出，就看谁的资本力量与管理力量强了。

　　企业与项目的财务基础极为重要，如何有效地将资本与管理相结合需要多方面的智慧与经验，就战略面而言，更是攸关企业未来发展命脉的根基。

　　本书以深入浅出的介绍与简单明了的概念来描述资本运作专业深奥的道理，并将其融入资本运作的智慧，可以让不熟悉资本运作的投资者和被投资者轻松了解资本运作的含义及实务操作的概念，实现其资本的增值。书中所经历的种种，可能正是你我曾经或是正在面临的挑战。

　　本书可以让您深入了解投资者与被投资者资本运作背后的成功逻辑与智慧，轻松解析资本运作密码，为投资者和被投资者在资本运作时提供众多有价值的参考，是一本值得您一读的好书。

胡文霞

上海瑞德会计师事务所投资咨询部经理

前　言

　　每个国家为了配合整体经济发展都会走上资本运作的道路，各类型企业随着经济格局的发展以及经济体制改革、市场体制建设，越来越明显地发挥其作用，民营企业也逐渐成为国家整体经济发展中重要的微观实体。然而企业对市场的认知，也因企业主的财富变化发生着巨大的模式变化，虽然民营企业主体在经济发展中具有重要地位，但是残酷的市场仍存在着诸多对企业发展不利的限制因素，如各家企业发展不规范、管理不规范、运营不规范等，而较为普遍的就是资本运营问题，众多企业没有合理地规划资本运营发展战略，因而无形之中陷入更深的发展误区。

　　多数的中小型企业，更多认为资本运营是一种高不可攀、遥不可及的模式，反而采取了只重规模不重质量的冒险式经营，也因此近几年频频出现众多原本经营不错的企业因资金链断裂而倒闭清算，实在相当可惜。

　　资本运作已成为企业发展过程中不可或缺的重要战略，需要对其进行合理、科学的认识与规划，从战略上定位符合自身的资本运作模式。本书的重点就是从战略的角度来分析、思考企业的资本运营模式，通过对其进行资本战略、运营战略、营运战略的结合，以累进模式提高资本运营的效果，提高企业的长期竞争优势，延长企业的寿命。

　　资本市场并非是一个新概念，早在 17 世纪后期的伦敦就已经开始实行这种商业模式。在资本市场取得成功的企业已不计其数，而资本市场并不限定于挂牌企业或上市企业，只要期限在 1 年以上的各种融资活动组成的市场均可称为资本市场。在西方发达资本主义国家，资本市场的交易几乎已经覆盖了全部金融市场。

"集雪资本模型"在资本市场中同样不是一个新概念，但却是目前最具完整性以及系统化的逻辑性、实操性、稳定性、安全性、持续性的资本市场运营流程。企业经营的最大期望与目标不外乎是打造品牌价值、创造超额利益、成为行业龙头、成为百年企业、实现股东或个人理想与愿望，但这些期望与目标并非口头说说这么简单，更绝非靠运气来完成，而是必须脚踏实地一步一个脚印地落实各项工作，才能见到累积的能量与结果。本书仅为集雪资本的概论提供诸多的观点与注意事项，无论是投资方或者被投资方，在进行投资、资本运营期间均应学习多方的概念、知识，以确保自身的利益不受损害与遭受侵犯。

资本市场运营并不困难，但却存在着很现实的一面。股权可以帮你创造价值但必须设计得当，产品可以帮你创造利润但必须稳定质量，营销可以帮你创造营业额但必须实在不浮夸，挂牌可以帮你增加声誉但必须符合自身能量，上市可以帮你超额获利但必须强化社会责任，简单地说就是"什么人玩什么鸟"。这个世界上本来就有人赢有人输，但是赢要赢得光明正大、心安理得，输也要输得心悦诚服、自叹弗如。就让我们一同来认识资本市场运营的"集雪资本模型"，同时带领你迈向顺畅的资本市场运营之路。

目 录

第一章

资本基础概念

一、资本市场的起源

英国学者戴奇在 1735 年编著的英语词典对资本下了一个比较清晰的定义，认为资本在贸易公司中主要指股本，即"被章程所规定的用于贸易的货币储备资金或基金"。澳大利亚学者 H. A. J. Ford 教授认为："与公司相联系的资本是指公司已经获得或能够获得的用来开始、启动和拓展其事业的金钱。"

资本市场是金融市场的重要组成部分，作为与货币市场相对应的概念，资本市场着眼于从长期角度对融资活动进行划分，它通常指的是由期限在 1 年以上的各种融资活动组成的市场，是提供一种有效地将资金从储蓄者（同时又是证券持有者）手中转移到投资者（即企业或政府部门，它们同时又是证券发行者）手中的市场机制。

在西方发达资本主义国家，资本市场的交易几乎已经覆盖了全部金融市场。资本市场的分类，从宏观上可以分为储蓄市场、证券市场（又可分为发行市场与交易市场）、长期信贷市场、保险市场、融资租赁市场、债券市场、其他金融衍生品种市场等。其中，证券市场与债券市场又形成了资本市场的核心。1996 年国际货币基金组织编写的《国际资本市场：发展、前景及关键性政策问题》中，资本市场包括外汇市场、债券市场、股票市场、衍生工具市场、银行系统和贷款市场等。

证券市场买卖股票的出现最早是在 1602 年的荷兰，那时候因为股东的有限责任与发行的股票可以交换、买卖，使股票具备了近代股票的特征。第一个股份有限公司是荷兰的东印度公司。但是因为还没有整备流通市场，所以只能靠本地的商人们零星地进行股票买卖的中介。虽然在阿姆斯特丹设立了综合交易所，但因为那里有调味品、谷物等商品混在一起，所以只有东印度公司的股票在进行交易，并不能说是专门的证券交易市场。

17 世纪后半期，经济中心移到了英国，在荷兰创立的股份公司到了伦敦后得到了飞跃性发展。伦敦最古老的交易所——皇家交易所之中，与商品混在一起的俄罗斯公司（1553 年创建）、东印度公司（1600 年创建）等的股票也在进行着买卖。由于买卖的状况活跃，在皇家交易所进行股票买卖的交易商独立出来，改在市内的咖啡馆里进行。这个咖啡馆交易就成了现代证券市场的原型。

从在街头与野外交易的"黄牛式"证券交易，最终进入专用的建筑物，用闭锁的会员组织来组织成专用的证券交易所，形成专门的交易市场，象征着资本市场的初步成型与交易的正规化。对于证券交易的中介商人来说，交易所是为了确保自己的特权利益、具有排他性的空间。证券市场＝证券交易所这种构造，大约维持了两个世纪。

提到美国最初的证券市场，可能大家都会自然地联想到华尔街，其实美国最早的证券市场是在宾夕法尼亚州的费城（Pennsylvania）。当时费城不仅是美国的政治中心，也是美国的金融中心。

华尔街则是 1653 年前后荷兰殖民者们作为交易基地而在曼哈顿岛的南部划分出一部分地方建立起来的，华尔街的名称是那时候荷兰的移民者们为了保护自己而在街道的周围划分的界线的名称。在 1725 年之前，虽然说仿照欧洲已经存在的证券交易好像也有过，但基本上是以商品为中心的交易，公债并不在交易的范围之内。

到了 20 世纪，英国证券市场曾是世界上最发达的证券交易市场，第一次世界大战以前，在伦敦证券交易市场上市的证券中有 80% 是海外证券，这充分地展现了当时伦敦在国际证券市场中的重要地位。

资本运作，就是根据市场法则，通过资本本身的技巧性运作，实现增值和效益增长。资本运作一词是在 1859 年由美国哈佛大学的两位犹太族学生在毕业论文中首次提出的，并由美国政府投放于美国西部地区，以缩短东西部地区的发展距离。然而，资本运作并非在美国应用，它是发明于美国，发展于日本，成熟于新加坡。

中国资本市场出现的直接原因是股份制试点，20 世纪 80 年代早期，少量企业开始自发地向社会或企业内部发行股票或债券集资，随后逐渐形成了"股票热"。1990 年，上海、深圳证券交易所开始营业，正式带领中国走入资本市场，同时也提高了企业参与资本运作的兴趣，提升了中国在国际上经济发展的竞争力。

二、资本市场应用的概念

任何人、任何企业都不可避免地与这个资本市场直接或间接地打交道，只有与资本市场打交道，在未来的中国经济社会活动中才能有出头的机会，因为这个舞台的重要性只会越来越重要，推动或参与资本市场的健康发展，将会是个人与企业未来的必然。

华尔街不但是美国资本主义的象征，更是美国经济实力的象征。邓小平凭惊人的直觉早就洞察到，美国之所以能以强大的经济实力傲视全球，其背后最重要的推动力之一可能就来自这条长不足 500 米的小街。

2012 年，中国上市公司与规模以上企业的盈利之比达到 43%，在《财富》发布的 2013 年世界 500 强榜单中，共有 95 家中国企业上榜，其中绝大部分都是上市公司。

总体经济的发展刺激了资本运作的广阔市场，然而在资源有限之下更是谁先抢到资本资源谁就占了上风，更可以让企业在大量资金的注入之下形成强而有力的战略布局、战术运用，继而在神不知鬼不觉的布局下迅速地攻占市场及抢占资源。

亚洲投资银行的成立，中国作为主要出资方，无疑是领导者。变投资为融资，解决亚洲发展的资金问题，同样是带动国际间资本运作与掌控货币以免被他国盘剥，同时成为世界性大国的第一步开端，并产生世界性的影响力。对美国而言，中国正在挑战美国金融霸主的地位，另外，中国在国际上的一些投资经常会因某些大国的介入或暗中操控，或被投资国政府的政权更替、内战等导致投资失败且损失惨重。

因此，中国倡导成立亚投行的目的之一就是期望摆脱长期以来我国在对外投资领域所遇到的不可避免的困境，从而消除因政治等原因所导致的投资失败及损失。随着亚投行的成立，我国将避免或分散以上因政治原因所带来的投资风险和损失，亚投行将会是人民币走向世界货币的美好道路。

随着国际间经济活跃性的增强，对于资本运作的方式与期待将带动更大的发挥空间。对国内而言，与中小型企业的发展伴随着的是资本杠杆的运用，未来 10 年将是资本运作的蓬勃期，发展不好的企业被洗牌的机会将大幅提升。谁能在乱世中生存？谁能在乱世中脱颖而出？就看谁的资本力量与管理力量强了。

三、资本运作模式

资本运作模式是按照公司的制度和模式，整合资源，以团队制胜的核心理念，产生个人最大化的经济利益。该模式分为资本扩张与资本收缩两种运营模式。资本运营又称资本经营，是中国大陆企业界创造的概念，它指利用市场法则，通过资本本身的技巧性运作或资本的科学运动，实现价值增值、效益增长的一种经营方式。简言之，就是利用资本市场，通过买卖企业和资产而赚钱的经营活动和以小变大、以无生有的诀窍与手段。

资本经营是指围绕资本保值增值进行经营管理，把资本收益作为管理的核心，实现资本盈利能力最大化。资本经营的含义有广义和狭义之分。

广义的资本经营是指以资本增值最大化为根本目的，以价值管理为特征，通过企业全部资本与生产要素的优化配置和产业结构的动态调整，对企业的全部资本进行有效运营的一种经营方式。其包括所有以资本增值最大化为目的的企业经营活动，自然包括产品经营和商品经营。

狭义的资本经营是指独立于商品经营而存在的，以价值化、证券化了的资本或可以按价值化、证券化操作的物化资本为基础，通过流动、收购、兼并、战略联盟、股份回购、企业分立、资产剥离、资产重组、破产重组、债转股、租赁经营、托管经营、参股、控股、交易、转让等各种途径优化配置，提高资本运营效率和效益，以实现最大限度增值目标的一种经营方式。这里所要分析的就是后一种，即狭义的资本经营。

四、资本运作的分类

资本运作是一个复杂又具挑战性的价值与效益增长模式，资本运作又称资本经营、消费投资、连锁销售、亮点经济、离岸经济等，这是中国大陆企业界创造的概念。它指利用市场法则，通过资本本身的技巧性运作或资本的科学运动，实现价值增值、效益增长的一种经营方式。

多数人认为资本运作就是资金运作，其实并不完全如此。资本运作的正确概念应该是"资金（有形）+人际关系+社会关系+文化"。运用各方的力量来支持一个主体的发展，使其发挥更大能量、价值、效益。

一般资本运作的方式有发行股票、发行债券（包括可转换公司债券）、配股、增发新股、转让股权、派送红股、转增股本、股权回购。通过企业的合并、托管、收购、兼并、分立以及风险投资等，实现资产重组，对企业的资产进行剥离、置换、出售、转让，或对企业进行合并、托管、收购、兼并、分立，以实现资本结构或债务结构的改善，为实现资本运营的目标奠定基础。

资本只有在运动中才有活力，静态的货币是没有价值的。但因为资本运作中时机、基础、资格的不同，运作时也会有所不同，本书总结以下几种运作模式作为参考。

（一）扩张型资本运营模式

资本扩张是指在现有的资本结构下，通过内部积累、追加投资、吸纳外部资源即兼并和收购等方式，使企业实现资本规模的扩大。根据产权流动的不同轨道，可以将资本扩张分为以下三种类型：

1. 横向型资本扩张

横向型资本扩张是指交易双方属于同一产业或部门，产品相同或相似，为了实现规模经营而进行的产权交易。横向型资本扩张不仅减少了竞争者的数量，增强了企业的市场支配能力，而且改善了行业的结构，解决了市场有限性与行业整体生产能力不断扩大的矛盾。

2. 纵向型资本扩张

处于生产经营不同阶段的企业或者不同行业部门之间，有直接投入产出关系的企业之间的交易称为纵向资本扩张。纵向资本扩张将关键性的投入产出关系纳入自身控制范围，通过对原料和销售管道及对用户的控制来提高企业对市场的控制能力。

3. 混合型资本扩张

两个或两个以上相互之间没有直接投入产出关系和技术经济联系的企业之间进行的产权交易称为混合资本扩张。混合资本扩张适应了现代企业集团多元化经营战略的要求，跨越了技术经济联系密切的部门之间的交易。它的优点在于分散风险，提高企业的经营环境适应能力。

（二）收缩型资本运营模式

收缩型资本运营模式是指企业把自己拥有的一部分资产、子公司、内部某一部门或分支机构转移到公司之外，从而缩小公司的规模。它是对公司总规模或主营业务范围进行的重组，其根本目的是追求企业价值最大化以及提高企业的运行效率。收缩型资本运营通常是放弃规模小且贡献小的业务，放弃与公司核心业务没有协同或很少有协同的业务，宗旨是支持核心业务的发展。当一部分业务被收缩后，原来支持这部分业务的资源就相应转移到剩余的重点发展业务中，使母公司可以集中力量开发核心业务，有利于主流核心业务的发展。收缩型资本运营是扩张型资本运营的逆操作，其主要实现形式有：

1. 资产剥离

资产剥离是指把企业所属的一部分不适合企业发展战略目标的资产出售给第三方，这些资产既可以是固定资产、流动资产，也可以是整个子公司或分公司。

2. 公司分立

公司分立是指公司将其拥有的某一子公司的全部股份按比例分配给母公司的股东，从而在法律和组织上将子公司的经营从母公司的经营中分离出去，通过这种资本运营方式，形成一个与母公司有着相同股东和股权结构的新公司。

3. 分拆上市

分拆上市是指一个母公司将其在子公司中所拥有的股份按比例分配给现有母公司的股东，从而在法律和组织上将子公司的经营从母公司的经营中分离出去。

4. 股份回购

股份回购是指股份有限公司通过一定途径购买本公司发行在外的股份，适时、合理地进行股本收缩的内部资产重组行为。

（三）资本增量投入型模式

当企业出现负债率过高、流动资金不足，甚至濒临破产时，通过追加资本来恢复企业应有的生机。

（四）技术增量投入型模式

将企业自身的技术优势注入目标企业之中，迅速使企业自身的技术获得更大的发挥空间与发展机会。

（五）管理增量投入型模式

将企业自身具有优势的组织资本输入到目标资本运作对象中，从中创造出新的经济效益。

（六）金融证券交易型模式

通过股票和证券来促进资本的活跃性，既可以通过这些证券来聚集资本，也可通过发行股票和债券来为企业的发展筹集资金，甚至可以通过这些债券来收购兼并别的企业。

（七）产权交易型模式

通过产权市场对企业的全部或部分产权进行交易来进行资本运作，从而创造新的经济效益的活动。

（八）基金交易型模式

成立共同的投资基金，利用这些基金来进行资本运作，这样可以起到聚沙成塔的作用，还可以防范风险，通过专业人士来提高资金的运作效益。

（九）国际资本交易型模式

用金融证券、产权和基金的手段来进行资本运作，将地域由国内发展到国外，但这样的方式对企业的要求将更严格、更规范。

第二章

投资方与被投资方面临的问题

投资方与被投资方的关系是相当微妙的，在企业运营与建构的各个时期找投资人时，无论是财务上，还是心理上，是被投资方处于需要投资人的阶段。企业家们都会记住那些帮助过他的人，也会铭记那些没有帮助过他的人。正因为投资人需要密集频繁地与被投资者进行沟通，"情商"变得和"智商"同等重要，通人情和懂行业同样重要，生意也不外乎人情。但是双方其实都不容易，投资方也有误投的巨大风险，一旦误判将会带来血本无归的下场，被投资方则也必须细算掌握股权价值的后期爆发力，一旦失算将会带来价值上的巨大落差。

在发起企业或团队的成员中，股东是三种人的组合：第一种是出钱不干事；第二种是出钱又干事；第三种是干事不出钱。到底谁最重要？出钱不干事的人已经出资了，出钱又干事的人也拿到经营管理上应得的薪资了，干事不出钱的人也付出了相应的技术与经验，说穿了，每一种人都很重要而且缺一不可。因此，挑选优质且合适的投资方才是被投资方首要的课题。

一、认识投资方的类型

（一）了解投资方的种类

1. AI（Angel Investment）天使投资

天使投资接触于公司的孵化期、草创期，项目可能只是一个雏形，许多事情还在摸索阶段，因此多数的天使投资都是基于对被投资人的信任而投资，所以被投资方的团队在此阶段很重要。

2. VC（Venture Capital）风险投资

风险投资接触于公司成长发展期的初期，项目已经有了一定的发展，VC 的参与可对公司提升估值、扩大市场带来很大的帮助，VC 较为看重的是项目的长期发展。

3. PE（Private Equity）私募基金

私募基金接触于公司成长发展期的成熟阶段，尤其是 PRE-IPO 阶段，投资金额较大，一般投资后项目在 2~3 年内会完成上市，PE 看重的是项目短期盈利能力，以及能否快速 IPO 退出并得到回报。

4. IB（Investment Banking）投资银行

投资银行也就是所谓的投行，接触于成长发展期的后期，主要是帮助企业上市（集雪量动），上市融资后获取一定金额的服务费。

5. GP（General Partner）普通合伙人

普通合伙人可解释为 PE 或者 VC 中的高层管理或投资决策人员，他们拥有公司的股份，公司整体盈利与他们息息相关。

6. LP（Limited Partner）有限合伙人

有限合伙人可以解释为出资人，他们的特点是拿出一定资产，并把钱交给 GP 打理，而 GP 会将 LP 的资金拿去投资项目，对于投资成功的项目所获取的利润，双方再协商进行分成。

（二）投资人的类型

投资人与被投资人具有密不可分的直接或间接关系。业界中有人以诙谐、易懂的方式将投资人类型分为亲妈型、姨妈型、奶妈型、干妈型、后妈型。

1. 亲妈型

既然是自己的亲妈，当然是爱护有加。真是含在嘴里怕化了，放在手里怕摔了。所以，让你衣来伸手、饭来张口，什么需求都满足你，你要价高了，亲妈还是一咬牙一跺脚买下了。因为是亲妈，所以也不忍心对你要求太多、太高（对赌就免了）。于是自从有了亲妈后，你就可以过上幸福生活，撒娇不说，有时候还可以耍点赖。但是亲妈也有发脾气翻脸的时候，所以，亲妈型投资人不是创业初期的首选。

2. 姨妈型

顾名思义，就是和你亲妈带点关系但又跟你没什么实际关系。这类投资人大多对项目格外关心，也会对你表现出极大的兴趣，但是看归看、聊归聊，到了最后别指望人家投资，毕竟只是亲戚，串串门，聊聊天，最后优雅地走了。所以，姨妈越多，创业者越累。

3. 奶妈型

奶妈是一个有奉献精神的职业，因为她可以对非亲生的孩子报以比亲生还亲生的爱心，所以，这也注定了奶妈的结局：她可以事无巨细地守护在你身旁，夜以继日地对你施以关注，她可以 24 小时为你喂奶，随时给你加衣服，也不管你愿不愿意、饿不饿、冷不冷。你不会说话，所以你无法和她交流，哪怕你以为自己会说，她也觉得你是在说梦话。怎么说呢，遇见奶妈型投资人的创业家，只好痛并快乐着吧，谁让你还不能断奶呢！

4. 干妈型

如果你亲妈人缘还不错，肯定就在你出生之前就给你找好干妈了，甚至还有可能是 N 个干妈。鉴于是你出生之前就已经和她有了联系，所以她对你的感情仅仅次于她的亲生孩子，但是，也鉴于她不是你亲妈，所以，她还不好意思对你发脾气翻脸。既对你亲，又不会对你凶，这样的干妈真是创业家的福分呐！如果这个干妈还是很有背景、很有来头、家底很厚实的话，那你真是捡到天上掉下来的馅饼了。鉴于天上掉馅饼的机会不多，所以这样的事发生的概率也很低。

5. 后妈型

说是妈，又加一个后，从古至今，从西到东，没听过有关后妈的好故事，所以，我们就把后妈定义成《白雪公主》里的后妈形象吧。她管你吃，但不让你吃饱；管你穿，但不让你穿暖；她当着外人面让你休息，背地里狠狠地让你干活（每个月都要看报表，算账）；最后她看上了财主家的钱，不管你哭得死去活来，把你许给人家做小三了。唉，谁让你碰见的是后妈呢！

二、认识合伙人类型

资本运作的快速兴盛，让每个人都随时有机会成为任何项目、企业的合伙人，但有多少人真正了解什么是"合伙人"？"合伙人"其实是一个西方概念，它在西方社会产生，最早产生于服务性的行业，包括律师、会计师、金融领域，很少看到有工业、重工业资产的行业上来就有合伙人。对于那些服务行业，它们需要更快地随着社会生产外部环境的变化而改变自己的经营模式，所以合伙人变得重要且人数也会随着发展而变得很多。

合伙人与普通的或者我们传统意义上的职业经理人有别。"职业经理人"是工业时代的产物。如今时代不断在向互联网时代转型，但是工业时代的转变还是需要很长一段时间，所以大多数人逐渐被培养成一个好的职业经理人。合伙人讲究的是诚信、责任、担当，不单单只是一个职位、头衔，而且是彼此对信任关系在最高程度的确认。

创始人的人脉与圈子决定了他能找到什么样的合伙人，当然合伙人也绝对有可能变成项目或企业的投资人，成为股东之一，"合伙人"之所以称为合伙，不是谁雇用谁，特点是大家合在一起入伙。既然合了伙就要共创、共享、共担，这个概念非常重要，而绝非只能同甘却不能同苦。

（一）创始人（出钱又干事或出钱不干事）

创始人是指事件的发起人或创导者，是第一个提出事件概念或事物缘起的人，或是机构创办人、创始人、奠基人。创始人不一定是持股数最多的人，但股东权益可以借由公司组织章程或其他股东间的法律有效约定文件来制约。国内大多数项目、企业会由创始人来主导各阶段的运营与重大决策。

（二）联合创始人（出钱又干事或干事不出钱）

在最初时期共同创办或创建，并在创办或创建过程中分别承担具体的工作和一定的任务量，有具体的贡献。联合创始人区别于股东形式，主要指的是技术、信息、宣传等力量的投入，资金为非必要因素。共同创建的项目或是产品正式上线后或者达到提供正常使用的情况时，联合创始人即使离开了，依然被视为联合创始人。

（三）创始合伙人（出钱又干事或干事不出钱）

在创始人的召集或邀约下，对项目、企业的产品、模式、未来发展等抱有一定的认知与认同度，以劳力、资金、资源等换取约定等同的股权或利益分配，在孵化期或草创期与创始人朝共同方向、目标前进的族群。

（四）战略合伙人（出钱不干事或出钱又干事）

与创始人、项目、发起企业具有合作关系或合作意向，有潜力并愿意按照创始人意愿进行股权配售或利益分配，与创始人或项目、企业签署短中长期战略投资、合作协议的企业或个人，是与项目或发起企业的业务联系紧密且欲长期持有发起企业股票的企业或个人。具体来讲，战略合伙人就是指具有资金、技术、管理、市场、人才优势的企业或个人，"战略合伙人"的加入能够促进该项目或该企业多方面的升级，增强企业核心竞争力和创新能力，拓展企业产品市场占有率，同时战略合伙人也愿意长期投资合作，谋求获得长期利益回报和企业可持续发展。

（五）顾问合伙人（出钱又干事或干事不出钱）

名人、学识、技术、经验、数据、资源、特殊成果等在项目或发起企业运营团队中能担任指导角色，能提供战略、管理、运营、营运、技术等多方面指导，而资金为非必要因素。顾问合伙人能指导团队快速形成项目或让项目、产品正式运营，达到具备正常模式、流程等。大部分的顾问合伙人会以服务来取代投资资金并持有一定比例的股权。另外，孵化期、草创期的创始人与团队也多数会认同顾问合伙人无须投入资金，即持有该项目或企业里的技术股权，毕竟顾问合伙人的参与会让创始人与团队方向更明确，少走弯路，缩短达成目标的时间。

（六）事业合伙人（出钱又干事或干事不出钱）

风险管理与收益共同承担的事业伙伴。一般指的是职业经理人、高管、部门主管、核心或重要职务人员，这些人可以共创、共享也可以共担。企业渐渐认为，一旦遇到巨大的行业风险时，职业经理人是难以依靠的。加上多数企业已出现人才荒，为了能让企业各部门持续运转，且规避优秀人才流失，大多数企业已实施该合伙方式，同时这些人也是"股权激励"的主要对象。在未来，职业经理人将会渐渐消失，取而代之的就是"事业合伙人"。

（七）企业合伙人（出钱不干事或出钱又干事）

在项目、发起企业的营运中，会有许多上下游的同业、异业供应链，多数的企业合伙人是上下游之间的整合，借由此合伙捆绑让运营管理、营运管理更为顺畅，以利于管控技术、价格、质量、市场、渠道、品牌。企业合伙人多数是站在互利、双赢的角度进行合伙，但也有些是受到创始人、团队的邀请进行结盟，做一个顺水人情的友情合伙。当发起企业杠杆能量较大时，企业合伙人在整体的合伙中还有其他合作模式。例如，可以筛选其中较优质的公司进行持股，甚至可以进行并购，进而实施财务报表合并，扩大其双方的双赢价值。

（八）投资合伙人（出钱不干事）

AI 天使投资、VC 风险投资、PE 私募基金、IB 投资银行、GP 普通合伙人、LP 有限合伙人，都有可能成为项目或发起企业的投资合伙人。

三、无职业操守的投资方掠取被投资方的智产

多数的投资人都是具备职业操守与道德操守的，在聆听或挑选（路演）的过程中，会以分析的角度去评鉴一家企业或者一个项目，最后再决定是否投资与投资金额。甚至会真诚地告知被投资人哪里需要调整、修改、完善，而且有些投资人还会持续地跟踪好的企业与项目，并协助完成其资金需求。

社会上有好人当然也有坏人，资本市场亦是如此，在广大的资本市场里存在着无良的投资人，这些人并非无心投资，而是掠取了被投资方的智能、点子、模式等，然后稍加修改去寻找更有条件的人合作。

这种状况经常出现在天使轮，因为大部分创业者要钱没钱，要背景没背景，几乎一穷二白，所有东西得一点点地积累和学习。而此时去谈投资，肯定会把企业未来一些发展和自己对市场的看法、财务什么的全都坦诚公布。恰巧你所说的内容在目前市场上还没有，或还可以完善市场以及完善流程，而无良投资方不会明面上拒绝你，却在私下找更有实力的人合作，因为投资方认识的人多，所以找比你更有实力的人合作会更轻松和更能降低投资风险，甚至可以迅速带来收益。

曾经有被投资方发表了这样的文章《摸一次胸部给你 100 万》，一个女生站在路边，有一个男的走到这女的身边，然后告诉她：你把衣服脱掉，让我摸一下胸部，我给你 100 万元。这女的听完之后觉得只摸一下就给 100 万

元实在是太划算了，所以就脱掉了衣服。当女生脱掉衣服后，这男的只是一直在旁看着却迟迟不动手摸。女生问了这男的：你怎么不摸呢？这男的回答：我看看就好，我没兴趣摸。

被投资方其实就像这女生一样，为了寻求投资方的青睐，将商业计划书里的模式、计划、方法、数据赤裸裸毫无保留地呈现出来，但最后却得不到预期投资人的投资，甚至还得承受无良投资人掠取智产的风险，最后落下"新娘不是你"的窘境，这是资本市场中最真实与残酷的一面。

四、被投资方的迷失与眼前可能的现象

（一）被投资方的迷失

选定项目与投资的过程是一个愿打一个愿挨，既然是被投资的身份那就要先了解投资人在想什么？知己知彼才能清楚知道自己的价值，同时也才能了解投资人是否真心真意地想与你合作，从而更清楚地判断投资人的话里是否还有话。一味地相信投资人的甜言蜜语，自己心里抱着期待，有些甚至自我催眠地认为一定可以拿到相应的投资款，这是被投资方的迷失之一。

任何一个投资人都清楚，他的资金可不是拿来胡乱挥霍的，更不是拿来做慈善公益的，而是每一笔投资都有细算和回报的比例，否则为何要冒这样大的风险来投资一个陌生且没有信任基础的项目、企业？当然被投资方会认为自己都已经释出股权比例了，本该获得这样的投资资金，况且自我感觉良好的被投资人大有人在，王婆卖瓜自卖自夸是任何一个创始、创办、主导项目或企业者可能出现的现象。但是王婆认为自己的瓜好，在买瓜人的角度而言就不是如此了，毕竟买瓜的人已经看过无数的瓜，如果没有特殊的优势又怎能让买瓜的人一眼就对那个瓜爱不释手，甚至对这一颗瓜开出预期价格

呢？这是被投资方的迷失之二。

国内有诸多的投资公司、网络投资平台、孵化中心、孵化器、非正统投融资公司，不断举办路演场次，多数的举办路演机构都是真心地寻求项目、模式、产品、企业，以增加投资机会，创造资金流动率，然而少数的无良机构却抓住被投资人对于资金的需求心理，联合投资人来骗取路演费用、商业计划书编写费用、路演技巧教学费用等。被投资人参与无数场次的路演，不仅是费用的流失，时间与精神的花费更是不计其数，但换来的是一场空，而无良机构仍灌输被投资方在屡战屡败的情况下更要积极努力，以名人的成功过程来诱骗真正想干出一番事业的被投资方，有些被投资方可以清醒地认识到这一切是虚假的，但有些人却仍沉迷其中，这是被投资方的迷失之三。

在投资的交易过程中产生一些服务费用、手续费用都是合理的，被投资方无须太过纠结，而这些费用会依照省份、地区、消费水平、服务项目等多因素考虑的比例收取，一般不会超出总融资额的 10%，除非所要求的服务内容属于特殊服务才可能超出此比例。拿人钱财、与人消灾是一个概念与基础，但是如果遇上拿了钱财还无法帮自己消灾的无良机构，那么就别再相信那些花言巧语，请记得不要姑息这样的无良机构，勇敢地站出来检举，还给资本市场运作一个干净、清新的环境，千万别认为受骗而就此作罢，这将会让你陷入被投资方的迷失之四。

虽然有以上几种迷失，但请别太担心。国内仍有多家专业、诚信、优质的机构可以为你解决难题，并协助你落地实现你的资本运作梦想。

（二）被投资方眼前可能的现象

无论企业处在孵化期、草创期、成长发展期的哪个阶段，均被称为创业。在每个阶段也都有相应的发展资金需求，只是各家企业需求的额度不同。不论在哪个时期寻求投资人，都必须认清投资人的目的，因为寻求投资人不当有可能让自身陷入非死即伤的窘状，更可能成为无良投资人玩弄的对象。在此提供无良投资人玩弄被投资方时可能运用的几种手法。

1. 恶意压低价格：先套牢再剥夺

有些看似很好商量的投资人，对投资标的很感兴趣，迅速地确定与签约，对股权分配、估值、产品竞争力、回收速度等问题一点都不在意，却会在签约时要求你签一份"排他协议"。然而当你签订了这份协议后，你将陷入被动的窘境。因为投资人有可能开始拖延时间，以各种名目如资金周转不灵、资金未到位等理由拒绝给钱。当团队资金很难支撑现在或即将推动的运作时，投资人便会站出来压价或降低估值。此时，被投资方因为急需资金来解决眼下难题，只能忍痛签下各种"不平等条约"。

2. 设计合约条款：挖好坑等你跳

多数的创业者若没有经过学习，对金融、法律知识的了解就会相对薄弱，有些投资人就会利用这一点在条款中设计漏洞来为自己争取更多的利益。在这一过程中，投资人可能会提出这份协议不合规范，需要专业的人来进行修改，然后在部分的字句上进行微小的改动。例如，条约中隐含着对赌的条件、一票否决权的设置、不合理的回购、反稀释比例等。一旦在这些改动的合约上签了字，在后期的运作中可能会产生大问题，当条款签字生效时后悔已经来不及了。

3. 成为超级管家：投资后公司就是他的

投资人过度干涉公司管理决策，甚至指挥内部事务，看似对公司或团队满怀衷心与热心，但实际上只是为了套现自己的利益。过多的干涉不仅会导致外行人领导内行人的局面，甚至会导致团队放不开手脚，更会造成战略方向的迷失，同时也增加了团队与投资人的直接或间接矛盾，当双方闹到不愉快时，最终只能和平散伙或对簿公堂了。

4. 蓄意恶性跳票：就是不给钱了

起初也许会以为双方的合作洽谈愉快，更以为资金入注大功告成，结果却只是空欢喜一场，最后可能是赔了夫人又折兵的局面。跳票的原因有三种：一是投资人资金来源出现变故而断裂；二是投资人在打款之前发现了更好的同类项目；三是突然发现自身缺乏专业度。总之，就是不想投资了。

5. 蓄意欺骗行为：假借名义捞钱

投资人经过一番包装，张口闭口和某某大佬多熟、关系多好，最近又参加了某某高端盛会，实质并无真本事，就只是来捞钱的。这种投资人可能会骗取考察费、评估费、项目收留费等，到了你的地方还不忘骗吃骗喝，最后什么事也没完成。

6. 性别歧视行为：你个女的能行吗

这一个招式主要是针对女性创业者，投资人会对你的项目、产品、市场、模式、团队等用怀疑的眼光与态度询问，甚至不屑你的所有努力，百般刁难，其目的就是要你知难而退。有些心术不正的投资人在看到被投资方这个女的外在条件好，甚至会提出潜规则，这样的事是有发生过的。在此提醒女性读者寻求投资人时要学会保护自己，别为了寻求资金而损害了自己的权益。

五、被投资方如何防止迷失

1. 对投资人的背景做详细调查

与投资方面谈之前，必须先备好功课，查看投资方的情况。例如，公司或个人背景、资金的来源、合作过的案例、多方的评价、投资风险的偏重与偏好、擅长或看重哪些领域等。多数的投资人是靠谱的，但面对无良的投资人，身为被投资人的你也不得不多长点心眼儿，毕竟要"嫁人"总要知道对方的种种背景才能同意"婚事"吧。

2. 检测投资人的能耐

与投资人的合作，不单单只是资金这么简单，多数的投资人手上都有很多的资源，如人脉、厂商、平台、团队、渠道等资源。投资人并不是万能的，但他们却是创业生态中重要的一部分，衔接得好可以获利无限，如果衔接不好可能就得面临倒闭。投资人长年会见到成千上万个创业团队，因此在宏观与经验的角度中一定能提出独特的见解与衔接点。

然而对被投资方而言，最有价值的是能为自身带来持续性资金优势、资源优势的投资人，倘若只能提供资金却无法提供资源，那么这对投资合作会大打折扣。

3. 用法律条款保护自己的权益

无论与多么有诚信的人合作，所有的约定都要落实到纸上。只要把合作约定条款落实到纸上，双方也就奠定了游戏规则，更能制约双方彼此的责任与义务，同时也能提醒双方不要出现不该出现的问题。签约前除了应有的合作条款外，还可以多要求一些保护性的条款，如过桥贷款（搭桥贷款）、不排他条例、取消对赌等，如果没有投资合作经验，可以请教专业律师协助。

4. 相信自己的直觉与判断

与投资人的第一次碰面如同相亲，如果在面对面交谈后就感觉不太好，那么必须先做好心理准备，因为投资方与被投资方的合作就像是婚姻关系，不单单只是一个交易或买卖，一旦合作成功双方还有很多的地方需要磨合。如果遇上了一位愿意投资，但是却让你感觉不好的投资人，那么你要冷静思考这其中的原因，并且设法多了解投资人以解决问题。个性、观点、喜好等都会影响合作的和谐，因此双方的合作都是需要容忍与互谅的，如此一来才能让合作更融洽、更长远。

六、被投资人拒绝是正常的，没什么好揪心的

马云曾说过，现在你瞧不上我，未来你配不上我。这句话如果在成功时

说起来，那分量可谓是力大无穷，但是现在的你成功了吗？凭什么投资人要投资你？

创业是一件很辛苦的事，必须历经客户拒绝、人员、产品、市场开拓、公关、财务、众人支持、改变模式等综合的多方洗礼后才会成功，而找投资人远比创业初期难上好几倍。

乞丐的行业让人看了既觉得难过，又觉得有些异样，乞丐每次出门乞讨势必将自己做好博得众人同情的外观，这就叫作装饰。仰望的眼神、卑躬屈膝地向人乞讨，这就叫态度。用各式各样的辅助工具，如唱歌、断手断腿、头部包扎、趴在地上、跪在地上、带着儿女博得同情等，这就叫手法。当别人施舍了钱后，乞丐对施舍的人说声谢谢，这就叫回报。

资本市场的操作并非施舍行为，因为企业有产出价值、有商品、有模式、有团队、有理念、有远景等。可是你的投资人却情愿在路上看到乞丐时不求任何回报地施舍乞丐，也不愿听你有回报的商业计划，更耐人寻味的是，连你周边最亲近的亲友也不愿帮你一把，这是为什么？是瞧不上你？还是不信任你？是否值得去深思这个问题？

（一）找投资人必须具备几个选择要素

（1）喜好相同：对于行业或项目有共同的喜好，并认同未来的发展市场与前景。

（2）眼光相同：对于商业计划的理念、模式、运营有直接或间接的发展敏锐度。

（3）理念相同：对于经营理念与社会责任、运营管理、营运管理、发展规划有相同的理念与支持度。

（4）利益等同：对于股权、红利分配、实际收益、预期收益、回报率均有同等的认知与支持度。

（5）信任等同：对于领导者或创办者有一定的认识度、支持度、信赖度，而领导者或创办者对于投资人也有一定的认识度与信任度。

（二）合格的投资人具备哪些能力

（1）以正确的态度投资而非投机投资：足够的理性，用大脑冷静分析，而投机投资则是一种感性的主观臆断。

（2）懂得什么是价值投资：所谓的价值投资，就是了解一项资产的内在价值而非外在价格。价格可以虚高，数字可以虚标，但一家真正有价值的企业则是看其内在的实力。

（3）建立自己的投资策略：不会为了省事而不想思考，直接问别人，然后直接投资一家平台或企业，这是投资人对资金极不负责任的态度。

（4）退出机制的保护策略：投资有短期性与长期性投资，追求的是短期或长期的投资回报，退出机制就显得很重要，同时也是投资人在投资前应重要预设的最后自我保护防线。

（5）抗风险能力评估：不会只看收益，不看风险，对项目可能存在的风险会有理性认知，对自己的抗风险能力同样有理性认知。

（三）投资人为什么会拒绝投资你

（1）卖相不好：被投资方的内功没做好，内部这里是问题，那里也是问题，营收不佳、团队不佳、产品不佳、模式不佳等都是影响卖相的因素。

（2）回报太少：投资人无非就是想赚钱获利，获利太少的计划或项目无法激发投资人的欲望与期待。

（3）兴趣不符：对于行业或项目根本不感兴趣，甚至对于远景在哪儿都不想知道或了解。

（4）信任不足：对于该企业或领导人没有一定的信任度，如对于该企业或项目的认知太少，对于参与的团队没有信任度。

（5）风险太大：对于该企业、领导人、行业、项目的前景不看好，受到主观意识或认知、媒体报道、市场规模等的影响，产生自我保护意识。

（6）经验不足：以往的营业收益、财报、市场领导产品、企业、企业领导人的知名度等，都会影响投资人对于投资与否的判定以及意识。

被投资方有选择投资人的考虑，相对的投资方也存在着更多的考虑，双方选择了门当户对的对应者才能幸福美满。

被投资方不是乞丐，而是有产出、有商品、有模式、有团队、有理念、有远景的有价值方，被投资方绝不能因投资人的眼光与投资喜好而影响了对自身的信心，被拒绝一次是正常的，被拒绝 5 次、10 次甚至 100 次也都是正常的，因为天底下没有多少个傻瓜投资人，臭味相投及眼光锐利的投资人才是被投资方真正想要的伯乐，投资人也才会认同你这匹黑马，这样才能相互携手，产生彼此最高的价值与未来发展。不论携手的时间是短期或是长期，只要彼此获利就会成为一段佳话。

举个案例提供给大家参考。大家熟知的国际巨星席维斯·史泰龙，1976年获得 United Artists 联美电影公司对他个人的投资。United Artists 联美电影公司 1919 年由卓别林、范朋克、璧克馥、格里菲斯出资创建。在未受到 United Artists 联美电影公司的支持之前，席维斯·史泰龙当时拜访了美国近500 家电影公司，没有一家电影公司愿意接受当时全身晒得黑黑的，都是肌肉，像根黑木一样的席维斯·史泰龙。当时 United Artists 联美电影公司一直想着转型拍摄不同风格的电影，此时刚好出现了一个全身长满肌肉的憨汉，这正是席维斯·史泰龙，当时 United Artists 联美电影公司对席维斯·史泰龙进行投资，仅以 110 万美元拍摄了影片《洛奇》，而票房竟高达 2.25 亿美元，不仅 United Artists 联美电影公司创造了近 205 倍的获利，更奠定了席维斯·史泰龙在好莱坞电影中的重要地位。

如果当时的席维斯·史泰龙没有坚持找寻投资人，可能也没有他今日的成就与在巨星群中的地位。如同国内的名人马云，当时的他同样经历过很多投资人的拒绝。被投资人拒绝是一个过程，更是对被投资方的一种历练。

七、企业体质不良谁敢投资你

体质改善从基本做起。全球经济萎缩导致的企业生存危机，让体质不良的企业主盲目跟风，幻想着用资本市场操作实现起死回生，这种想法没有错，但却不能忽视企业本身体质的重要性与绝对性。

企业的生命力来自销售基础与财务基础，产品的价值基础来自不断改良与精益模式，品牌的形成更是经过多方累积而成。资金的引入是为了生存甚至发展，可是一个体质差的人又如何能做剧烈运动呢？企业不也是如此吗？

企业财务能力是企业施加于财务可控资源的作用力，是企业所拥有的财务资源和所积累的财务学识的有机组合体，是企业综合实力的反映和企业活力的价值体现。同时，企业财务能力是企业能力系统的一个有机组成部分，它是由各种与财务有关的能力所构成的一个企业能力子系统。

企业财务能力主要由财务管理能力、财务活动能力、财务关系能力和财务表现能力所构成。财务管理能力是企业组织、计划、控制和协调财务活动所具有的独特知识与经验有机结合的学识，主要包括财务决策能力、财务控制能力、财务规划能力和财务创新能力。财务活动能力主要包括筹资能力、投资能力、资金运用能力和分配能力。财务关系能力是企业平衡相关利益者财务关系的能力及其财务网络，包括平衡股东、债权人、政府、内部职工、社会、供货商、销售商等财务关系的能力及财务网络。财务表现能力是通过财务会计报表所体现出来的财务发展能力，主要包括盈利能力、偿债能力、营运能力、成长能力和社会认可能力。

从能力理论的角度看，企业的本质是一个包含多种类型能力的综合性体系，财务能力是其中的一种。财务能力与研发能力、生产能力、营销能力等其他能力相比具有一定的特殊性，具体表现在其基础性和支持性上。财务能力的强弱很大程度上决定了企业竞争优势的持久性、企业的规模和边界以及企业多元化战略和跨国经营战略的广度与深度。企业拥有了强大的财务能力，有助于在较长时期内维持企业当前的竞争优势，促进企业扩大规模，保证企业多元化经营战略的成功实施。财务能力的这些重要性从国内外著名跨国企业的发展史上均可发现。总而言之，能否建立起较高水平的财务能力并将其不断巩固与发展，是战略财务管理水平高低的最终表现。

为企业创造持续竞争优势的财务能力能够为企业创造更多的价值，进而提升企业核心竞争力。从根本上讲，这是由其特殊地位决定的，一方面，企业的可持续发展以稳定的资金流为保障，如果企业的资金流动不能正常进行，企业的持续竞争优势就会丧失殆尽，以至于企业破产倒闭；另一方面，财务能力表现在对财务可控资源的作用力上，对财务可控资源的合理配置将直接推动企业持续竞争优势的形成和核心能力的提升。

市场竞争是商业中的优胜劣汰，需要比产品、比财力、比业绩、比延续力、比品牌力。盖大楼都得从地基起步，想盖更高的楼层，地基的要求更是不可忽视，企业的成长也是如此，一步登天那是不可能的。2014 年下半年至 2016 年上半年，国内获得高额融资、风投、基金青睐的公司不下千家，但至今有几家仍是尚存的？虚华的商业计划、风光的表面与薄弱的各项管理基础，造就了惨败的收场。

资本市场运用是未来的趋势，奉劝企业主在选择资本市场的同时，切勿忽略自身条件而盲目跟风。维系财务能力是企业生存的重要命脉，但其组织力、生产力、管理力、营销力等各个基础更是企业永续生存力的根本。

第三章

集雪基本概念

集雪资本模型是以雪的形成作为背景的发展模式，原理简单明了，如同空气与水之间的综合变化结合，产生如雪块、雪崩般大型力度的冲击力，使其形成毁灭性的侵略与市场占有模式。

企业的管理与资本结合、项目寻求资金、投资方与被投资方，其双向的关系、双向的结合与双向的共鸣就如同雪花般的累积成堆，整个过程将产生多样的变化而形成不同的结果导向，这是所有企业、项目在资本运营时期都必须明白的重要原理与重要概念。

一、雪的形成

云是由许多小水滴和小冰晶组成的，雨滴和雪花是由这些小水滴和小冰晶增长变大而成的。那么，雪是怎么形成的呢？

在水云中，云滴都是小水滴。它们主要是靠继续凝结和互相碰撞合并而增大成为雨滴的。

冰云是由微小的冰晶组成的。这些小冰晶在相互碰撞时，冰晶表面会增热而有些融化，并且会互相黏合又重新冻结起来。这样重复多次，冰晶便增大了。另外，在云内也有水汽，所以冰晶也能靠凝华继续增长。但是，冰云一般都很高，而且也不厚，在那里水汽不多，凝华增长很慢，相互碰撞的机会不多，所以不能增长到很大而形成降水。即使引起了降水，也往往在下降途中被蒸发掉，很少能落到地面。

最有利于云滴增长的是混合云。混合云是由小冰晶和过冷却水滴共同组成的。当一团空气对于冰晶来说已经达到饱和的时候，对于水滴来说却还没有达到饱和。这时云中的水汽向冰晶表面凝华，而过冷却水滴却在蒸发，这时就产生了冰晶从过冷却水滴上"吸附"水汽的现象。在这种情况下，冰晶增长得很快。另外，过冷却水是很不稳定的。一碰它，它就要冻结起来。所以，在混合云里，当过冷却水滴和冰晶相碰撞的时候，就会冻结黏附在冰晶表面上，使它迅速增大。当小冰晶增大到能够克服空气的阻力和浮力时，便落到地面，这就是雪花。

二、雪的形成条件

（一）水汽饱和

空气在某一温度下所能包含的最大水汽量，叫作饱和水汽量。空气达到饱和时的温度，叫作露点。饱和的空气冷却到露点以下的温度时，空气里就有多余的水汽变成水滴或冰晶。因为冰面饱和水汽含量比水面要低，所以冰晶生长所要求的水汽饱和程度比水滴要低。也就是说，水滴必须在相对湿度（相对湿度是指空气中的实际水汽压与同温度下空气的饱和水汽压的比值）不小于100%时才能增长，而冰晶往往相对湿度不足100%时也能增长。例如，空气温度为 -20℃ 时，相对湿度只有80%，冰晶就能增长了。气温越低，冰晶增长所需要的湿度越小。因此，在高空低温环境里，冰晶比水滴更容易产生。

（二）空气凝结核

有人做过试验，如果没有凝结核，空气里的水汽要过饱和到相对湿度500%以上的程度，才有可能凝聚成水滴。但这样大的过饱和现象在自然大气里是不会存在的，所以没有凝结核的话，就很难见到雪。

凝结核是一些悬浮在空中的很微小的固体微粒。最理想的凝结核是那些吸收水分最强的物质微粒，如海盐、硫酸、氮和其他一些化学物质的微粒，所以我们有时才会见到天空中有云，却不见降雪，在这种情况下往往会采用人工降雪。

三、降雪级别

（1）小雪：12 小时内降雪量小于 1.0mm 或 24 小时内降雪量小于 2.5mm 的降雪过程。

（2）中雪：12 小时内降雪量 1.0～3.0mm 或 24 小时内降雪量 2.5～5.0mm 或积雪深度达 3cm 的降雪过程。

（3）大雪：12 小时内降雪量 3.0～6.0mm 或 24 小时内降雪量 5.0～10.0mm 或积雪深度达 5cm 的降雪过程。

（4）暴雪：12 小时内降雪量大于 6.0mm 或 24 小时内降雪量大于 10.0mm 或积雪深度达 8cm 的降雪过程。

（5）大暴雪：24 小时内降雪量 20.0～30.0mm 的降雪过程。

（6）特大暴雪：24 小时内降雪量 30.0mm 以上的降雪过程。

四、雪崩

（一）雪崩的概念

当山坡积雪内部的内聚力抗拒不了它所受到的重力拉引时，便向下滑动，引起大量雪体崩塌，人们把这种自然现象称作雪崩。也有的地方把它叫作"雪塌方"、"雪流沙"或"推山雪"。雪崩，都是从宁静的、覆盖着白雪的山坡上部开始的。突然间，咔嚓一声，勉强能够听见的这种声音告诉人们这里的雪层断裂了。先是出现一条裂缝，接着，巨大的雪体开始滑动。雪体在向下滑动的过程中，迅速获得了速度。于是，雪崩体变成一条几乎是直泻而下的白色雪龙，腾云驾雾，呼啸着声势凌厉地向山下冲去。

雪崩是所有雪山都会有的一种地表冰雪迁移过程，它们不停地从山体高处借重力作用顺山坡向山下崩塌，崩塌时速度可以达 20~30m/s，随着雪体的不断下降，速度也会突飞猛涨，一般 12 级的风速度为 20m/s，而雪崩将达到 97m/s，速度可谓极大。雪崩具有突然性、运动速度快、破坏力大等特点。

（二）雪崩的形成与发生

造成雪崩的原因主要是山坡积雪太厚。积雪经阳光照射以后，表层雪溶化，雪水渗入积雪和山坡之间，从而使积雪与地面的摩擦力减小，与此同时，积雪层在重力作用下，开始向下滑动，积雪大量滑动就会造成雪崩。此外，地震运行踩裂雪面也会导致积雪下滑，从而造成雪崩。

雪崩常常发生于山地，有些雪崩是在特大暴雪中产生的，但常见的是发生在积雪堆积过厚，超过了山坡面的摩擦阻力时。雪崩的原因之一是在雪堆下面缓慢地形成了深部"白霜"，这是一种冰的六角形杯状晶体，与我们通常所见的冰碴相似。这种白霜的形成是由雪粒的蒸发所造成，它们比上部的积雪要松散得多，在地面或下部积雪与上层积雪之间形成一个软弱带，当上部积雪开始顺山坡向下滑动时，这个软弱带起着润滑的作用，不仅加快雪下滑的速度，而且还带动周围没有滑动的积雪。

其实在雪山上一直都进行着一种较量：重力一定要将雪向下拉，而积雪的内聚力却希望能把雪留在原地。当这种较量达到高潮的时候，哪怕是一点点外界的力量，如动物的奔跑、滚落的石块、刮风、轻微的震动，甚至在山谷中大喊一声，只要压力超过了将雪粒凝结成团的内聚力，就足以引发一场灾难性雪崩。例如，刮风不仅会造成雪的大量堆积，还会引起雪粒凝结，形成硬而脆的雪层，致使上面的雪层可以沿着下面的雪层滑动，从而发生雪崩。

（三）雪崩的三个区段

雪崩的形成和发展可分为三个区段，即形成区、通过区、堆积区。

1. 形成区

雪崩的形成区大多在高山上部积雪多而厚的部位。例如，高高的雪檐、坡度超过50~60度的雪坡、悬冰川的下端等地貌部位，都是雪崩的形成区。

2. 通过区

雪崩的通过区紧接在形成区的下面，常是一条从上而下直直的 U 形沟槽，由于经常有雪崩通过，尽管被白雪覆盖，但槽内仍非常平滑，基本上没有大的起伏或障碍物，长可达几百米，宽 20~30 米或稍大一些，但不会太宽，否则滑下的冰雪就不会很集中，形成不了大的雪崩。

3. 堆积区

堆积区同样是紧接在形成区的下面，是在山脚处因坡度突然变缓而使雪崩体停下来的地方，从地貌形态上看多呈锥体，所以也叫雪崩锥。

（四）雪崩的分类

雪崩分湿雪崩（又称块雪崩）、干雪崩（又称粉雪崩）两种。

1. 湿雪崩

湿雪崩也许是最危险的，湿雪崩一般发生于一场降水以后的数天，因表面雪层融化又渗入下层雪中并重新冻结，从而形成了"湿雪层"。在冬天或春天，下雪后温度会持续快速升高，这使新的湿雪层不可能很容易地就吸附于密度更小的原有的冰雪上，于是便向下滑动，产生了雪崩。湿雪崩都是块状，速度较慢，重量大，质地密，在雪坡上像墨渍似的，越变越大，因此摧毁力也更强。这种块雪崩的形成区通常在坡度稍缓的雪坡上。因为陡坡上的粉雪（松散的雪）要几乎崩完了，才会轮到相对的缓坡，发生块雪崩。它的下滑速度比空降雪崩慢，沿途带起树木和岩石，产生更大的雪砾，与干雪崩相比，湿雪崩更具杀伤性。

2. 干雪崩

干雪崩夹带大量空气，因此它会像流体一样。这种雪崩速度极快，它们从高山上飞腾而下，转眼吞没一切，它们甚至在冲下山坡后再冲上对面的高坡。一般而言，大雪刚停，山上的雪还没来得及融化，或在融化的水又渗入下层雪中再形成冻结之前，这时的雪是"干"的，也是"粉"的。当此种雪发生雪崩时，气浪很大，底层也容易生成气垫层。探险队遭遇此类雪崩时，人可以被裹入雪崩体中并随雪崩飞泻而下。但是干雪崩或粉雪崩的威胁相对较小。

五、集雪基础概念

（一）集雪概念

集雪，顾名思义就是集中分散的雪花，从微小的雪花累积到一定的重量程度后，通过引力作用所产生的释放效应，使企业的财务杠杆、营销杠杆、管理杠杆、产品杠杆、品牌杠杆在每个不同阶段达到具有攻击性与侵略性的释放，形成集中性的突破力度，使自身企业在不同的阶段发挥出最大的能量，让财力、物力、人力于不同的能量中集中力量，一举出力形成雪崩力度效应，为企业创造更大的突破力量点，达成企业发展目标。

雪的产生是由于水与空气的完美组合。水就是企业管理（营运），空气就是企业体质（资产），雪就是投资人。水与空气的变化结合才能形成雪，简略地说，就是结合企业管理与企业体质产生有形价值、无形价值，加大投资人的投资意愿，增加投资人的数量，不断累积各项资本，使其资源、资金能够运用于企业的发展与管理的精进，创造累积雪崩能量，借由企业的各项优势累积呈现出具有杀伤力与攻击力的发展，获得更大的突破口，以此循环达到企业预期的收益目标与超预期的收益目标。

（二）水汽中的饱和就是企业管理

"企业管理"一词中包含着诸多的类别与项目，而水汽中的饱和就是那些产生变化的各类管理，企业管理如同这些饱和水汽，在企业价值累积的过程中占据着重要的地位。

有人群的活动就有管理，有了管理，组织才能进行正常有效的活动。简言之，管理是保证组织有效运行所必不可少的条件，组织的作用依赖于管理，管理是组织中协调各部分的活动，并使之与环境相适应的主要力量。所有的管理活动都是在组织中进行，有组织，就有管理，即使一个小的家庭也需要管理。从另一个角度来说，有了管理，组织才能进行正常的活动，组织与管理都是现实世界普遍存在的现象。

随着市场的变化、行业的变化，制造型、服务型、创新科技型的企业模式已明显区分了管理类别的不同需求，比重也依照各行业性质的不同而不同。现代企业管理大致区分了十个大类的内容。它基本涵盖了企业内部、外部运作管理中的各个方面。

1. 战略管理

企业发展战略是关于企业发展的谋略。企业发展是成长、壮大的过程，其中既包括量的增加，也包括质的变化。企业发展需要谋略，对企业发展整体性、长期性、基本性的谋略就是企业发展战略。

2. 行政管理

企业的行政管理可以说是企业的中枢神经系统。它是以企业的最高领导为中心，由各阶层管理分工负责，由专门行政部门组织实施、操作，触角深入到企业各个部门和分支机构方方面面的一个完整的系统、网络。中国有句俗话：没有规矩，不成方圆。就是说，没有规则（即制度）的约束，人类的行为就会陷入混乱，这样一个朴素而重要的思想，可能没有人会认为它不正确，但它却一直在生活中被人们忽视，其实经济运行的一切问题最终都可以且应该归结到体制（制度）的问题上。

3. 生产管理

生产管理对于企业盈利极其重要，生产管理决定了企业产品的利润率和质量水平，以及新产品开发等企业核心竞争力。对于一个生产型企业来说，生产管理是生存与发展的一大命脉，生产管理涉及很多方面，生产管理好的企业才能从中获得效益。

4. 营销管理

营销管理就是为了实现企业的目标，专业化地提高经济效益，它是企业实现其价值的核心，同时是一种辨识、预期及符合消费者与社会需求并且带来利润及连续经营的管理过程。营销管理将企业研发生产过程与消费者的消费联系起来，是一个重要的中间环节。任何时候企业的营销管理做得不好，效益就不好，而产品不好也会对营销产生负面影响。营销管理是企业的长期利益延续要点，是系统化的，需要综合考虑。

5. 品牌管理

品牌推动是一个工程，而绝非是流程，它是企业为了提高产品的竞争力，围绕着企业及其产品的品牌而展开的各类形象塑造活动，是为了生存和发展而围绕品牌进行的全局性的谋划方略，更是配合企业整体发展战略落地的关键。

6. 人力资源管理

大业之基，首重于才。现代管理思想把人当作特殊资源来挖掘，进行科学管理，从而提高了人力资源管理在一个企业及整个经济发展中的地位和重要性。从企业发展与经济增长方式的转变等都可以看出，科学的管理应该以人力资源管理为中心，做好对人的管理，以发挥人的积极性、主动性和创造性为根本，从而创造出最大的价值。以人为中心已是现代管理理论和实践发展的共同趋势。

7. 研发管理

随着买方市场时代的来临，很多行业都已出现了供大于求、相对过剩的现象，这是供需失衡的矛盾。消费者甚至是采购商都有了货比三家的心态，汰旧换新的速度比以往更加迅速，此时企业若不在研发上找到出路则很难在市场中立足。尤其像高科技企业，它的市场是不断变化的，竞争也就不断增加。企业的研发能力对于企业自主创新来说至关重要。一个企业要想在激烈的市场竞争中立于不败之地并谋求新的大发展，其自身强大的研发能力是根本。

8. 财务管理

财务是企业管理的重要组成部分，企业财务管理的目标取决于企业的总目标。创办企业的目的是增加财富，企业的价值在于它能给投资者带来未来报酬，因此，企业财务管理的目标应该是"企业价值最大化"或者"股东财富最大化"。

9. 信息管理

企业信息管理的精髓是信息集成，其核心要素是数据平台的建设和数据的深度挖掘，通过信息管理系统把企业的设计、采购、生产、制造、财务、营销、经营、管理等各个环节集成起来，共享信息和资源，同时利用现代的技术手段来寻找自己的潜在客户，有效地支撑企业的决策系统，达到降低库存、提高生产效能和质量、快速应变的目的，增强企业的市场竞争力。

10. 物流管理

物流是为了满足顾客需求，使货物、服务及信息从起始地到消费地的流动过程实现有效、低成本而从事的计划、实施和控制行为。从原材料采购到成品分销这一物流过程不仅横贯了企业的各职能部门，而且越过了企业的边界将企业与上游和下游的企业连接起来，因此，合理高效的企业物流管理对于现代企业的发展具有非常重要的作用。

（三）空气中的凝结核就是企业体质

"企业体质"一词中包含着有形资产与无形资产，而空气中的凝结核是那些吸收水分最强的物质微粒，企业价值如同这些凝结核，在企业发展过程中占据着重要的地位。

企业价值评估是将一个企业、项目作为一个有机整体，依据其拥有或占有的全部资产状况和整体获利能力，充分考虑影响企业获利能力的各种因素，结合企业所处的宏观经济环境及行业背景，对企业整体公允市场价值进行的综合性评估。

企业整体价值是指由全部股东投入的资产创造的价值，本质上是企业作为一个独立的法人实体在一系列的经济合同与各种契约中蕴含的权益，其属性与会计报表上反映的资产与负债相减后净资产的账面价值是不相同的。

企业价值评估的七个作用和意义：

1. 改善企业决策：企业价值最大化管理的需要

企业价值评估在企业经营决策中极其重要，能够帮助管理当局有效改善经营决策。企业财务管理的目标是企业价值最大化，企业的各项经营决策是否可行，必须看这一决策是否有利于增加企业价值。价值评估可以用于投资分析、战略分析和以价值为基础的管理，可以帮助经理人员更好地了解公司的优势和劣势。应重视以企业价值最大化管理为核心的财务管理，企业理财人员通过对企业价值的评估，了解企业的真实价值，做出科学的投资与融资决策，不断提高企业价值，增加所有者财富。

2. 提升企业资本：企业并购的需要

企业并购过程中，投资者已不满足于从重置成本角度了解在某一时点上目标企业的价值，更希望从企业现有经营能力的角度或同类市场比较的角度了解目标企业的价值，这就要求评估师进一步提供有关股权价值的信息，甚至要求评估师分析目标企业与本企业整合能够带来的额外价值。同时资本市场需要更多以评估整体获利能力为代表的企业价值评估。

3. 创造企业整合：企业价值评估是投资决策的重要前提

企业在市场经济中作为投资主体的地位已经明确，但要保证投资行为的合理性，必须对企业资产的现时价值有一个正确的评估。我国市场经济发展到今天，在企业改制、合资、合作、联营、兼并、重组、上市等各种经济活动中以有形资产和专利技术、专有技术、商标权等无形资产形成优化的资产组合作价入股已很普遍。合资者、合作者在决策中，必须对这些无形资产进行量化，由评估机构对无形资产进行客观、公正的评估，评估的结果既是投资者与被投资单位投资谈判的重要依据，又是被投资单位确定其无形资本入账价值的客观标准。

4. 评估企业资产：量化企业价值、核清家底、动态管理

对每一位公司管理者来说，知道自己公司的具体价值，并清楚计算价值的来龙去脉至关重要。在计划经济体制下，企业一般关心的是有形资产的管理，对无形资产常忽略不计。在市场经济体制下，无形资产已逐渐受到重视，而且越来越被认为是企业的重要财富，一些高新技术产业的无形资产价值远高于有形资产。希望清楚了解自己家底以便加强管理的企业家，有必要通过评估机构对企业价值进行公正的评估。

5. 累积企业价值：董事会、股东会了解生产经营活动效果的需要

公司财务管理的目标是使公司价值最大化，公司各项经营决策是否可行，取决于这一决策是否有利于增加公司价值。我国现阶段会计信息失真，会计信息质量不高，在实际中影响了企业财务状况和经营成果的真实体现，会计指标体系不能有效地衡量企业创造价值的能力，会计指标基础上的财务业绩并不等于公司的实际价值。企业的实际价值并不等于企业的账面价值，公司管理层仅仅以公司现阶段的财务报表来衡量公司的经营成果是片面的，正确推行以价值评估为手段的价值最大化管理，是推动企业持续发展的一个重要手段。

6. 树立企业形象

企业价值评估是扩大企业影响、展示企业发展实力的手段。随着企业的形象问题逐渐受到企业界的重视，开展名牌商标的宣传已经成为企业走向国际化的重要途径。企业拥有大量的无形资产，给企业创造了超出一般生产资料、生产条件所能创造的超额利润，但其在账面上反映的价值是微不足道的。所以企业价值评估及宣传是强化企业形象、展示发展实力的重要手段。

7. 增加企业凝聚

企业不仅要向企业外的人传达企业的健康状态和发展趋势，更重要的是向企业内所有阶层的员工传达企业信息，培养员工对本企业的忠诚度，以达到凝聚人心的目的。

（四）降雪量就是投资金额

资本市场中存在着不同种类的投资人，而每一种投资人几乎都会谨慎地评核项目与企业的各项资质，而所进行投资的数额也截然不同。因此，企业的体质与管理将会影响到"集雪"时的降雪量。

（1）种子：一般在几十万元。

（2）天使：一般在 100 万~500 万元，当然好的项目或企业有可能拿到千万元以上。

（3）A 轮：一般在 500 万~1000 万元。

（4）B 轮以后：一般在千万元至几千万元，当然好的项目或企业有可能拿到亿万元以上。

（五）雪崩就是挂牌、上市

雪崩，又称为"集雪量动"。"集雪量动释放"在挂牌、上市中有着明显的呈现。

湿雪崩，就是所谓的主板、创业板，湿雪崩具有强大的市场影响力，且对同业间更具有杀伤性。在资本市场发展的严格规范下，未来新三板将会逐渐形成更大的市场影响力。

干雪崩，就是所谓的新三板、E 板、Q 板、新四板、新五板，对于市场影响力相对较小，且对同业间竞争的杀伤性较弱，同业之间的差异化也较小。

第四章

集雪资本模型

　　"集雪资本模型"，是一个完整以及系统化的强烈逻辑性、实操性、稳定性、安全性、持续性的资本市场运营流程。无论何种规模的企业，在发展的过程中，均有资金需求与扩大发展的必要性，然而实际收益大的企业实则无须借由资本运作来提升企业自身的价值，但可借由资本运作来增加股东权益的获利，当然这必须是依照股东群对于资本的价值需求、资本认知来衡量。而实际收益小，且有必要扩大投资事业体来增加效益的企业，如果无法借由借贷模式实现资金上的需求，也可采用集雪资本运作模式来达到预期的市场价值与资本价值。

　　集雪资本运作模式可依照企业自身的草创阶段、成长阶段、稳定阶段、发展阶段、飞跃阶段、衰退阶段决定切入点，并可进行管理区块、资金区块上的微调、量调、整改，使其顺利进入各阶段的集雪过程，为企业提升营销价值、盈利价值、资源价值、品牌价值、资本价值。

　　集雪资本运作模式的最终目的与结果不一定非得进入挂牌、上市路线，企业可以根据不同的发展阶段，考虑企业自身实际的需求来衡量纵向发展规模、横向发展规模，也可依照实际需求与实际发展限制，暂时性或长久性地滞留于符合企业自身情况的集雪阶段，视实际管理能力、资本能力的提升，再进行下阶段的集雪计划与实施。

　　集雪资本运作模式适用于各类型行业未挂牌企业，包含新三板（全国中小企业股权转让系统）、E板（非上市股份有限公司股份转让系统）、Q板（中小企业股权报价系统）、新四板（中小型企业孵化板）、新五板（股权众筹）。已上市的主板、创业板（二板市场），无须使用集雪资本模型。

　　图4-1为集雪资本模型。

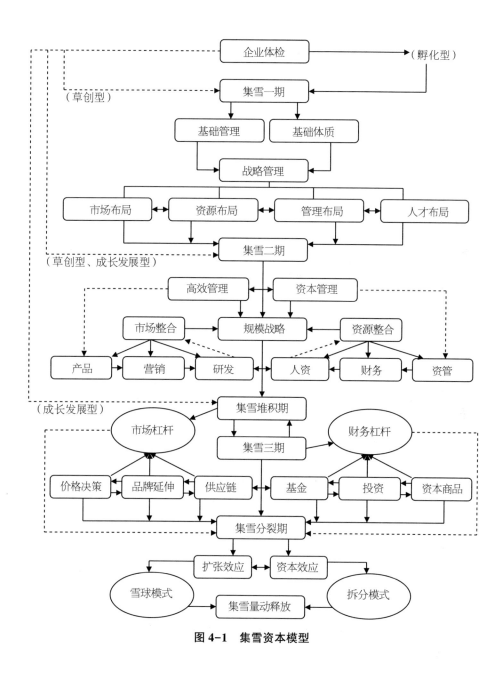

图 4-1　集雪资本模型

一、集雪资本模型名词说明

（一）企业实体类型

（1）孵化型：未形成公司实体，处于构思、筹备、规划阶段的企业。

（2）草创型：已有公司实体 1~3 年，不限规模，已成立部门且处于正常运营状态阶段的企业。

（3）成长发展型：已有公司实体 3 年以上，不限规模，已成立部门且正常运营的企业。

（二）集雪资本模型各名词说明

（1）企业体检：针对营业登记证、近一年财务报表、近一年缴税证明、行业增长率、企业增长率、领导人战略目标、营业额、品牌价值等项目的评定，依照评定结果采用适行阶段。

（2）集雪一期：评定结果选择及采用不同的资本运作类别、项目进行资金筹措，以利开展第一阶段发展项目、改善以及提升。

（3）基础管理：企业各项管理、制度、流程、人员部署等梳理。

（4）基础体质：企业各项财务、资源、产品、固定资产、非固定资产等梳理。

（5）战略管理：配合基础管理、基础体质的能力进行适合发展的战略布局。

（6）市场布局：根据实际市场状态设定营销、品牌、互联网系统布局。

（7）资源布局：根据实际周边资源进行扩散式布局。

（8）管理布局：根据现阶段、下阶段实施目标进行系统化建构布局。

（9）人才布局：根据现阶段、下阶段实施目标进行各层人才布局。

（10）集雪二期：选定企业中型财务规模比例的资本运作类别、项目进行资本运作，扩大实体价值、市场，以利开展第二阶段发展项目、改善以及提升。

（11）高效管理：在战略管理的布局中，建立实质的管理机制或系统化管理，发挥其效益与高能价值。

（12）资本管理：在战略管理的布局中，构建所需求的资产、资本、财务机制或系统化管理，配合及发挥其效益与流动价值。

（13）规模战略：以高效管理、资本管理为能力基础，针对内外战略目标实施可行性战术、战法运用。

（14）市场整合：以规模战略为依据，系统化实施 360 度市场整合。

（15）资源整合：以规模战略为依据，系统化实施 360 度资源整合。

（16）产品：配合系统化实施商品、产品全面或局部统备与革新。

（17）营销：配合系统化实施品牌、营销全面或局部统备与延伸。

（18）研发：配合系统化实施创新、研究全面或局部统备与高新。

（19）人资：配合系统化实施人力资源全面或局部调整与汰换。

（20）财务：配合系统化实施财务全面或局部调整与税整。

（21）资管：配合系统化实施信息全面或局部修整与构建。

（22）集雪堆积期：高效管理、资本管理所累积的成果、效益与价值。

（23）市场杠杆：价格、品牌、供应链所累积的成果，集雪分裂效应前整备。

（24）集雪三期：选定企业大型财务规模比例的资本运作类别、项目进行资本运作，扩大实体价值、市场，以利开展集雪量动阶段爆发性发展项目、改善以及提升。

（25）财务杠杆：基金、投资、资本商品累积成果，集雪分裂效应前整备。

（26）价格决策：决定或主控区域、整体市场商品定价影响力。

（27）品牌延伸：现有品牌的战略性延伸、渠道与项目，依照现有价值再刺激更大的品牌价值。

（28）供应链：优质供货商的串联，稳固自身供应链生态圈，并进行各方管控与管理。

（29）基金：构建内外部基金来源，创造自有现金流与对外投资能量。

（30）投资：自身主营以外的开源目标，带动内部资金流通，达到预期收益。

（31）资本商品：公开发行股票以外的各类合法资本运作商品收益项目应用。

（32）集雪分裂期：整装市场杠杆、财务杠杆累积成果，对准量动前路线及规模。

（33）扩张效应：运用大量累积的资源，带动大规模发展目标，改变品牌、市场影响力。

（34）资本效应：运用大量累积的资本，带动大规模收益目标，改变财务、资本运作影响力。

（35）雪球模式：利用规模发展，大幅驱动360度营运能量，使其发挥阶段性资源最大的市场和品牌量动影响力，将营收发挥至极致。

（36）拆分模式：利用规模资本，大幅驱动资本力度，减少闲置资金，使其发挥阶段性资本最大的覆盖量动及影响力，将超额利润发挥至极致。

（37）集雪量动释放：上市或集团模式扩大总体估值与企业实际收益价值。

二、集雪资本运作模式的功能

企业经营的过程中，会导致衰退、倒闭的两大主因一是想不到同业所想的，二是想到了资金跟不上。运筹帷幄中的战略、战术、战法制定与粮草兵饷永远脱离不了关系，有钱时有有钱的战法，没钱时有没钱的战法，但在最需要谋略时没谋略，在需要资金时没资金，那就等于是坐以待毙的状态。

温水效应，在多数的企业里是常态，因为员工多数人都喜欢安逸，企业经营的成败与否只有一个人最着急，那就是老板或最大股东，还有就是股东群。面对自身的企业成败与发展，往往企业主会运用各种方法来激励员工，可是员工每天跟着企业，这企业是好是坏历历在目，又怎么会是高层说说就可以安抚其心的呢？"公司要达到××业绩目标！公司要上市！"许多企业会在内部形成这样的口号，甚至变成企业文化，但想法有了，口号有了，却仍不见有所起色。企业获利达到预期目标甚至超越目标的口号倒也可以激励人心，但若是获利没达成甚至处于负债状态的企业还能只是喊喊口号吗？

企业资本运作的主要目的是保证企业稳步持续发展，最终目的才是实现企业盈利与实现股东权益。资本运作有两个基本时机，一是有钱的时候找钱，二是没钱的时候找钱。而绝大部分的企业都会在没钱的时候找钱，认为没钱可以找银行贷款，这是穷人思维，但是现实中银行对于放款审核的标准不断严格，是否能通过银行的审核标准仍是有待商榷的，然而具备富人思维的企业会在有钱的时候找钱，因为这样能让自身缔造现金流以及稳定的资金链。

前面内容已经介绍过，雪是投资人，水是管理，空气是体质。而雪就是通过水与空气的变化组合而成，那么如何将水与空气进行最好的管控与调整，达到适当时机产生不同级别的降雪，为企业带来累积式的价值甚至达到集雪量动释放目标，是企业将去面对、思考与实践的复杂过程。

（一）集雪资本运作模式的功能

1. 企业主体价值化

资本是企业的血液，资本运作是围绕企业的核心能力（核心技术、核心生产过程）进行资本运作，这一原则为企业的内部资源整合和外部资本运作提供了方向。在企业原有的价值中利用不同的运作方式，可以累进式或倍增式地提升企业主体价值，例如：

（1）企业兼并和重组：产权交易、资产重组、联合、合并。

（2）企业融资：内源融资、外部股权融资、债权融资。

（3）股权改制：有限公司改股份有限公司、集体企业改制、三资企业改制股份公司。

（4）风险投资：种子资本、导入资本、发展资本、风险并购资本。

（5）股权众筹：股权众筹、债券众筹、回报众筹、公益众筹。

2. 企业资源整合化

战略是资本运作和资源整合的基础。公司制度、先进理念、工作流程等都是资源整合中的关键，企业发展三部曲——人才整合、资金整合、品牌整合，仍是诸多企业的推展重点，未来的市场是整合资源的市场，谁的内部、外部资源多，谁就称霸了商业战场。例如：

（1）人才整合：通才、专才、国内人才、国际人才。

（2）产权整合：收购、控股、参股。

（3）品牌整合：定位、定价、权益、识别、鉴定、延伸、授权。

（4）供应链整合：物流、资金流、信息流、商流。

3. 企业管理系统化

管理是企业的心脏以及身躯，管理系统能够体现企业管理的大部分职能（包括决策、计划、组织、领导、监控、分析等），能够掌控实时、相关、准确、完整的数据，不同类型的行业均有其适用的管理系统。企业之间同样的类型、同样的规模为何有人可以盈利，有人却是亏损，都在于管理系统健全与否。以下概括了各行业大致可进行的管理。例如：

（1）管理基础（现代企业制度、现代企业组织、现代企业经营目标、企业经营计划与决策）。

（2）企业战略管理。

（3）市场营销管理。

（4）生产管理。

（5）技术管理。

（6）安全管理。

（7）环境保护管理。

（8）能源及节材管理。

（9）设备管理。

（10）质量管理（计量管理）。

（11）物流管理。

（12）财务管理。

（13）成本管理。

（14）信息化管理。

（15）人力资源管理。

（16）基建管理。

（17）企业国际化经营管理。

（18）品牌管理。

（19）企业文化管理。

4. 企业竞争累进化

资本运作是市场经济条件下企业的一种效率较高的经营行为，对于企业进行各项改革具有重要的意义和作用。国内目前在资本运作实践中仍存在着许多误区，且多数人认为企业开展资本运作的用意是增强核心竞争力，但实质上倒不如说"提升企业核心竞争力是开展资本运营的最终目标"。

国内大部分企业资本金严重不足，资产负债率高，而且多数企业规模小、规模效益差，形成高成本和低市场竞争，再者多数企业利息负担重，偿还能力低，进而陷入"高负债—高筹资成本—低利润—低资本储备—更高债务"的恶性循环之中，各类型企业的艰难可想而知。不仅民企如此，国有企业也开始强调资本运作，也唯有靠资本运作才能将多年来沉积的社会资本重新实行有效的配置与恢复产能。

　　市场调节资源配置的能力有限，且企业必须面对包括资本、人才市场在内的所有生产及服务要素市场，因此资本运作与产品运营相比，是一种更高层次的经营活动。产品运营只涉及新产品开发、生产作业管理、市场销售、财务管理、服务管理等管理要素，面对的只是产品市场与服务市场，其目的是有效地利用企业内部资源，而资本运作不但涉及企业内部资源的使用，而且面对资本市场进行外部资源的发掘，这也就是"1+1>2"的效果。

　　资本运作的本质不在于资本的直接运作，也不是单纯的并购时期的资产重组，更不是通过抛售股权所换得的价差，而重点是在资本运作的原则下进行产品运营，产品运营是资本运作的起点与归宿，也是资本运作存在和发挥效能的基础，更是企业对内、对外产品运营要素获取的总和。

　　不论哪种类型、哪种规模的企业，谁能为国家的总体经济带来更大的帮助与支持，为就业市场解决更多的需求，那么谁就能在市场中提升竞争力。1970年当选美国经济协会副会长、比较经济学协会会长的哈罗德·多马，在20世纪40年代中期就在《扩张就业》、《资本扩张、增长率和就业》以及《资本积累问题》中发表了类似论点，资本论点通过近80年的延伸与发展，至今仍是屹立不倒的硬道理。

　　5. 企业资本最大化

　　全球性的投资行为并不会因为那些赫赫有名的大型企业、品牌企业退出中国而受到太大的波及，相反，国外市场中也有许多企业在该国找不到更适合的投资对象与项目，而将资金往国外输送以让资金的流动更畅通。国内多数的企业亦是如此，将闲置的资金往国外输送用来投资获利，亚投行的成立将带领人民币走入国际流通货币，这正代表着未来国内只要配合国家对外政策，有闲置资金或有能力创造资金杠杆的企业都可能面向全世界进行投资，甚至为国际各大型企业、品牌企业注入资金。

　　国内企业的资金需求不断扩大，在此情况下也可通过国外的资金来进行企业的资金扩大化，国外的资金来源可分为产业资金和金融资金两种。产业资金的来源多数是从事非金融活动的实业或者产业集团，如德国的大众汽车。金融资金的来源一般为国外退休养老基金、保险基金、共同基金。这些来源都可能直接或间接地向国内的企业投资，只是由于产业资金与金融资金来源的不同，在投资需求以及投资运作方面有所差异。

国内资金在近几年随着高回收率的行业迅速发展，投资人的资金流动量也越来越大，同时也让多样化的金融商品不断推新，寻找好项目的投资人更是日益增多，这些都是被投资方的金主与财神爷，可是如何得到财神爷的眷顾，就得花一番心思了。

实现资金与资本的整合，要钱有钱、要人有人，是每一家企业梦寐以求的事，然而企业的体质在没有健全之前甚至没有太多获利之前，是不可能奢望别人会对你投入大量资金的，除了原有股东对自身企业增资外，就像没有人会拿很多钱为你买药治病一样，只有自己的家人才会砸锅卖铁地来支持你。

可当你的卖相好、气色好、身体健康、精神饱满、意气风发、婀娜多姿时，此时就会有很多人接近你，如果你是未婚，那么可能有许多人争着为你做媒介绍婚事，想要获得帅哥、美女的青睐，倒贴都有人心甘情愿。而投资方与被投资方同样也存在着这样微妙的关系，因为被投资人的魅力、商品、模式、品牌、渠道等都将影响着价值。这也足以说明企业的资本最大化不单单只是资金的注入，而且是这种企业价值先被获得肯定，才能从这些企业价值的要素中实现多方资本的提升与倍增。

（二）集雪资本模型应用说明

1. 集雪双向模式

将基础管理与基础体质同步运作。基础管理制定行政、总务、人事标准化管理基础，并梳理其管理流程，加大基础管理效能，以财务为基础进行节流管控，并详细统计财务数据、产权、资产。基础体质进行财务、资源、产品、固定资产、非固定资产等梳理，并拟定不同时期的集雪战略。

2. 集雪单向模式

（1）无资金需求：不进行资金筹备事宜，唯建构标准化管理制度，并梳理其产品、销售、人力资源、研发、信息管理等，加大基础管理效能，以财务为基础进行节流管控，并详细统计财务数据、产权、资产，待需要进行下一阶段集雪时再进行企业体质提升。

（2）有资金需求：建构基础体质进行财务、资源、产品、固定资产、非固定资产等梳理，并拟定当期集雪战略，待所需资金到位后再进行企业管理提升。

3. 资源整合模式

企业原有基础已达到各阶段管理、体质的标准，无须进行改善或调整，可直接进行阶段性渠道圈、联盟圈、商业圈、采购圈、政府资源等整合。

4. 资金整合模式

企业原有基础已达到各阶段管理、体质的标准，无须进行改善或调整，可直接进行阶段性产品、品牌、股权、众筹、基金、风投、投资人、融资业务等整合。

5. 人员整合模式

企业原有基础已达到各阶段管理、体质的标准，无须进行改善或调整，可直接进行阶段性内部人员、外部人员的纵向与横向整合。

6. 项目整合模式

企业原有基础已达到各阶段管理、体质的标准，无须进行改善或调整，可直接进行阶段性购买、合并、持股、授权、指定、品牌延伸等综合业务整合。

7. 合并整合模式

合并整合模式需在企业原有基础与体质均达到实质能力的条件下，直接进行横向、纵向模式的合并运作，若财务能力未达到闲置资金 65% 以上，则不建议实施该模式。

三、集雪资本运作的参与要素

集雪资本是一个使企业成长、创造效益、永续经营的模式，然而取之于社会、用之于社会，相对地也要有回馈社会的责任，同时企业对于国家的财政贡献更是有着重大的责任，这是开展集雪资本运作时必须具备的基本认知与责任意识。

君子爱财，取之有道，资本运作不单单是为了企业自身的利益与个人利益，更应该考虑投资人利益、社会经济、国家经济的平衡发展，创造总体的经济成长。资本运作并不是为了谋取个人或企业利益而造成更大的社会成本与国家成本，反而应该是通过资本运作来提升对政府的纳税义务与责任，再进行企业自身与个人利益的提升。

曾经多数的企业参与了资本运作，也获得了相对应的资金支持，这些资金大多来自社会人士，但一些企业在获得了资金的支持后非但没有实现对投资人的收益承诺，反而因为不当的管理与运营造成了资金流失与大量亏损。甚至有些资本运作的企业获得投资款后运用各种手段将其转换为私人利益，故意造成亏损的事件，这对社会、国家造成了很大的经济负担，也使投资人面临血本无归的境地。希望参与资本运作的任何企业能有此共识，即共同为总体经济做一番贡献，而非破坏。

（一）集雪资本适用于哪些创业者和企业

（1）具备雄心壮志。

（2）具备资源共享的理念。

（3）具备资本运作的决心。

（4）具备企业化管理的观念。

（5）具备产品竞争优势。

（6）具备零负债的财务基础。

（7）具备社会责任的信念。

（8）具备良好的诚信基础。

（9）具备向政府纳税并无偷漏税的基础。

（二）集雪资本运作应具备的基本材料

（1）营业登记证。

（2）近一年财务报表。

（3）近一年缴税证明。

（4）行业增长率评估。

（5）企业增长率评估。

（6）领导人战略目标。

（7）营业额评估。

（8）品牌价值评估。

（三）集雪资本运作前应有的自检

（1）公司简介。

（2）愿景使命。

（3）股东结构。

（4）运营部门职能设置。

（5）营运部门职能设置。

（6）股东会制度。

（7）董事会制度。

（8）核心团队。

（9）组织架构。

（10）业务规划。

（11）竞争优势。

（12）财务规划。

（13）注册资金。

（14）投资回报。

（15）挂牌、上市计划。

四、集雪的成果决定降雪量

企业体质是一家企业的心脏，企业管理是一家企业的躯壳，无论企业现处于什么阶段，都必须进行健康且健全的运作。多数企业空有富丽堂皇的外表，内在却是凌乱不堪，这也将影响企业所谓的健康与健全环境。资本运作是一个充满社会责任的超额获利行为，其意义并非只有被投资方获利而牺牲了投资方，也绝非是投资方获利而牺牲了被投资方，其中任何一种做法都是不道德的掠夺行为。

投资方并非都不长眼睛、不长脑袋，对于优质的项目与企业，他们即使产生了投资兴趣，仍会多方考察与走访，尤其是大额的投资。即使投资人有意向投资，也仍会看项目与企业的各方条件。投资方非常看重三个营运数据，一是用户留存率，二是获客成本，三是交易转化率，而这三个数据都是通过体质要素与管理要素得来的。因此，"集雪成果"将决定你符合哪一种投资方的要求，而投资方愿意投给你多少的降雪量（投资款），这是你骗不来也哄不来的，必须是实打实地接受"尽调"后评判决定的。

"尽调"的意思是指尽职调查，又称谨慎性调查，是投资人在与目标企业达成初步合作意向后，经协商一致，投资人对目标企业一切与本次投资有关的事项进行现场调查、数据分析的一系列活动。

集雪成果取决于体质、管理，在"公平、公正、公开"的环节里呈现，且实实在在地对政府支持、社会大众、内在股东、外在投资人采取负责任的态度。企业在资本市场运作时，不能忽视道德问题，如果企业不赚钱而用故事空手套白狼，那也只能称为欺骗行为，而为了融资提供虚假报表、虚假数据更是不道德与违法的行为。企业可以邀请专业、诚信机构为其做全面的健康检查（"尽调"），并进行各项梳理、修正及改善，以保持体质与管理的最佳状态，还可以做好万全准备，随时恭候投资方为你提供各阶段中不同凡响的雪。

然而身为投资人，不能盲目地参与投资，以下提供的"尽调"项目有利于在投资中降低风险，避开那些不良的企业与项目。

（一）投资人应了解的体质"尽调"项目

1. 基本状况

（1）银行信贷登记咨询系统贷款卡。

（2）股权代持协议。

（3）研发团队保密协议。

（4）企业信用报告。

2. 债权债务

（1）重大债权。

（2）重大债务。

（3）公司作为债权人的借款合同及担保合同。

（4）公司与银行间的贷款合同及担保合同。

（5）公司与关联方或其他企业、个人的借款合同及担保合同。

（6）公司为关联方或其他方提供担保的相关合同及担保登记文件。

（7）股东借款合同及担保合同。

3. 重大合作项目

（1）项目合同（工程合同、采购合同、安装合同等）。

（2）项目合作开发合同。

（3）日常运营相关的重大合同。

（4）其他重大合同。

4. 财务资料

（1）近三年审计报告（或资产负债表、利润表、现金流量表）。

（2）历次非货币增资评估报告。

（3）历次增资验资报告。

5. 主要资产

（1）土地管理部门出让土地（国有土地使用权出让合同、国有土地使用权证、土地出让金支付收据）。

（2）其他方式取得的土地证明及相关文件。

（3）房产情况汇总表。

（4）已建设完成并取得产权证的物业及房产证。

（5）其他方式取得的房产证明、产权证明及相关文件。

（6）全部固定资产（包括所有设施、设备、家具、固定装置、车辆）的购置证明、证明权利、所有权有关文件。

（7）拥有知识产权清单、相关证书、证明。

6. 税务及财政补贴

（1）享受税收优惠或财政补贴的政府批准文件（先征后返、批准文件、通知、收款票据证明）。

（2）子公司或关联公司有关税务安排的协议、文件或证明。

（3）税务系统近三年纳税表。

7. 保险

（1）财产保险汇总表。

（2）保险索赔清单及有关保险撤销或拒延的往来信函、通知。

8. 投资规划及所需资源

（1）资金募集计划。

（2）建置期间资金运用规划及分配。

（3）营运可用计划活动及规模资金推算。

（4）软硬件设备。

（5）不动产所需资金分配。

（6）所需资金总数量。

（7）初期投资后可运用预备金数量。

（8）未来可运用金融市场资源。

（9）预估稳定期每年资金运用规划。

（10）投资报酬率分析。

9. 财务预估

（1）销售额预测。

（2）五年期损益预测。

（3）现金周转预算。

（4）资产负债表预算。

（5）财务困难因应对策。

（6）融资计划与融资时机。

（7）融资金额与融资用途。

（8）预测公司股票上市时机。

（9）投资者回收资金的可能方式、时机及获利情形。

（二）投资人应了解的管理"尽调"项目

1. 基本状况

（1）营业执照。

（2）组织机构代码证。

（3）税务登记证。

（4）银行开户许可证。

※以上若是四证合一，仅营业执照即可。

（5）股东简历。

（6）研发团队简历。

（7）销售团队简历。

（8）组织图（新三板需增编一位董秘职位）。

（9）营运相关资质证书。

（10）主要产品的权威机构检测、鉴定报告。

2. 公司介绍

（1）公司背景。

（2）所营事业。

（3）经营历史。

（4）目前可经营状况。

（5）如何达到经营平衡。

（6）未来经营方向。

（7）公司拥有的特殊资源。

3. 公司愿景

（1）公司经营宗旨。

（2）公司经营理念。

（3）公司的长期期望。

（4）公司预期达到何种地位。

4. 经营目标

（1）短期可实现目标。

（2）中期可实现目标。

（3）长期可实现目标。

（4）经营中可变目标。

5. 产品介绍

（1）产品可带来的利益。

（2）服务可带来的利益。

（3）公司产品特色。

（4）产品属性。

（5）产品可为客户带来的效益。

6. 产业分析

（1）产业目前的状况。

（2）市场规模。

（3）现有的竞争者。

（4）潜在的商机。

（5）替代品的威胁。

（6）未来发展趋势。

（7）明确的目标市场。

（8）潜在客户群。

（9）市场不确定因素。

7. 竞争优势

（1）同业间产品比较。

（2）同业间服务比较。

（3）同业间价值链比较。

（4）同业间附加价值比较。

（5）同业经营状况。

（6）同业营业额比较。

（7）同业市场占有率。

（8）同业利基市场。

（9）以上问题可因应之道。

8. 目标市场

（1）顾客行为分析。

（2）地理范围。

（3）主要顾客人口统计。

（4）次要顾客人口统计。

（5）主要顾客营运策略。

（6）次要顾客营运策略。

（7）主要顾客与同业市场区隔策略。

（8）次要顾客与同业市场区隔策略。

9. 市场分析

（1）未来市场需求与市场成长潜力。

（2）未来的市场价格发展趋势。

（3）价格因应策略。

（4）质量因应策略。

（5）创新因应策略。

10. 营销策略

（1）依市场趋势制定的产品项目。

（2）服务营销计划。

（3）最佳满足顾客需求的项目。

（4）最佳满足顾客需求的技术能力。

（5）促销策略。

（6）广告策略。

（7）定价策略。

（8）通路策略。

（9）销售方式。

（10）销售网络分布。

（11）销售计划。

（12）广告计划。

（13）销售人员编组。

11. 运营计划

（1）所在位置。

（2）所需设备。

（3）所需人力。

（4）各部作业流程。

（5）工艺流程图。

12. 经营团队

（1）团队优势及长处。

（2）团队缺点及强化方法。

（3）各工作内容。

（4）各部门职责。

（5）个人过去的学习经历。

（6）个人过去的工作绩效。

（7）未来个人可提供的第二专长项目。

13. 风险评估

（1）竞争者的反制动作。

（2）经营管理上的难题解决。

（3）法律因素。

（4）政府法规。

（5）产品或服务的变动对策。

（6）技术优势丧失问题的解决。

（7）全球经济的影响与产业周期性的问题。

14. 顶层战略

（1）品牌策略。

（2）产品定位策略。

（3）营销定位策略。

（4）人员发展蓝图策略。

（5）产品研发策略。

（6）财务发展策略。

五、集雪资本运作中需要哪些机构

集雪资本运作模式是非常专业且复杂的一系列工程，整个系统中包含了千百个工作要项，且连贯性要求极高，任何进行资本运作的企业的最终目标就是顺利地发展到"集雪量动释放"，而整体推动过程需要时间累积而且十分艰辛，同时在每个不同阶段操作时均需要专业的机构进行协助才能发挥其实际效益。

企业、项目在进行集雪资本运作时可自行找寻专业、诚信的相关机构。集雪资本模型已认定授权了全国百余家专业、诚信的上市公司与各阶段所必备的机构。为了避免广告嫌疑，在此不列举上市公司、机构名称与联系方式，望读者海涵。

集雪资本运作各阶段所需公司或机构介绍：

（一）企业体检

（1）专业、诚信的股权管理公司。

（2）专业、诚信的会计师事务所。

（3）专业、诚信的资产评估事务所。

（二）孵化期

（1）专业、诚信的孵化中心、孵化器。

（2）专业、诚信的企业管理咨询公司。

（3）专业、诚信的股权管理公司。

（4）专业、诚信的会计师事务所。

（三）集雪一期

（1）专业、诚信的股权管理公司。

（2）专业、诚信的企业管理咨询公司。

（3）专业、诚信的资产管理公司。

（4）专业、诚信的投融资平台。

（5）专业、诚信的律师事务所。

（四）集雪二期

（1）专业、诚信的股权管理公司。

（2）专业、诚信的基金公司。

（3）专业、诚信的风投公司。

（4）专业、诚信的私募公司。

（5）专业、诚信的投融资平台。

（6）专业、诚信的企业管理咨询公司。

（7）专业、诚信的资产管理公司。

（8）专业、诚信的信息管理公司、软件公司。

（9）专业、诚信的律师事务所。

（10）优质的投资银行。

（五）集雪堆积期

（1）具有商学院、研究院、企业大学的行业上市公司。

（2）专业、诚信的企业管理咨询公司。

（3）专业、诚信的认证公司。

（4）专业、诚信的信息管理公司、软件公司。

（5）专业、诚信的品牌管理公司。

（6）专业、诚信的律师事务所。

（六）集雪三期

（1）具有商学院、研究院、企业大学的行业上市公司。

（2）专业、诚信的基金公司。

（3）专业、诚信的风投公司。

（4）专业、诚信的私募公司。

（5）专业、诚信的投融资平台。

（6）专业、诚信的股权管理公司。

（7）专业、诚信的资产管理公司。

（8）专业、诚信的信息管理公司、软件公司。

（9）专业、诚信的品牌管理公司。

（10）专业、诚信的律师事务所。

（11）优质的投资银行。

（七）集雪分裂期

（1）具有商学院、研究院、企业大学的行业上市公司。

（2）专业、诚信的证券公司。

（3）专业、诚信的股权管理公司。

（4）专业、诚信的基金公司。

（5）专业、诚信的风投公司。

（6）专业、诚信的私募公司。

（7）专业、诚信的投融资平台。

（8）专业、诚信的资产管理公司。

（八）集雪量动释放

（1）专业、诚信的证券公司。

（2）股权交易中心。

第五章

管理与集雪资本运作的相对应关系

公司管理在融资选择中起着非常重要的作用。随着投资市场的扩大，加入投资行列的投资人越来越多，加上投资失败的案例屡见不鲜，投资人的眼光与选定项目的角度也变得十分精明，甚至有独特的评断眼光与角度。

同时投资人也由细水长流的心态转换为急功近利，被投资方的收入与利润将比以往更加强烈地取决于投资人对投资标的的期待，因此做好自身的管理使其能有效地获利已是刻不容缓的工作。

一、信息影响投资收益

企业在融资过程中，经常会陷入一种月晕模式中，那就是浮夸地包装企业自身短处，将其短处运用取长补短的方式呈现，然而战略布局、内部各项管理、产品质量、营销模式、财务数据等却并不乐观，这些都是非专业投资人无法正确判断真伪的黑暗之处，资金提供者在对项目相关信息的拥有方面是处于劣势的一方，也因此有众多的投资方因错误的判断而血本无归甚至伤痕累累。

企业自身的各项管理连贯在所有的投资效益中，被投资方自身的管理技术与获利能力决定了可以提供给投资方多少的获利性，投资方是有限理性的并且追求利益最大化，如果被投资方刻意掩饰短处，将导致投资方获利的失败。

被投资方是有绝对义务对投资方负责的，但企业与投资者之间的利益并不总是一致的，彼此之间既有利益一致的一面，也有利益相互冲突的一面，在信息不对称情况下，正是这种利益的一致性与冲突性决定了企业和投资者在资金融通或借贷方面的多种多样的行为。无论是以何种形式进行活动，只有提供真实性的数据给投资人，才能双向地享受资本运作中的获利乐趣。

二、财务影响投资意愿

资本市场运作存在着各种摩擦因素，企业本身应该具备应对未来不利冲击的能力，因此保持一定的财务弹性是控制风险的重要一环。在资本活动中，企业必须做出相应的调整，这最终将会影响企业自身的价值，更会影响投资方的利益。

财务弹性是指企业动用闲置资金和剩余负债能力，应对可能发生或无法预见的紧急情况，并适当把握未来投资机会的财务能力，是公司筹资对内外环境的反应能力、适应程度及调整的余地。保持财务弹性的主要方式是持有现金和保有债务能力。

由于投资人和企业内部人员之间存在信息不对称的情况，企业进行外部融资将面临证券定价偏低的问题，从而提高了外部融资的成本，使一些净现值原本为正的投资机会发生价值偏转，造成净现值为零或为负的状况，其结果是企业放弃这些投资机会，进而导致企业价值降低。企业需要具有足够的现金或负债能力，如果企业没有足够的现金，企业会直接进行债务融资，如果没有足够的现金，且没有负债能力，那么企业会直接进行权益融资。企业保持财务松弛的途径不仅包括储备债务能力和持有现金，还包括调整股利支付，而保持财务松弛的主要作用则是抓住投资机会或者被投资机会。

企业在成长中期希望被投资的机会比成长初期少，且现金流开始为正，未来现金流将更为充沛，可以满足未来的资本需要，因而保持财务弹性的重要性下降。当企业进入成熟期，企业的被投资欲望就更小了，现金流比成长中期阶段充足，企业的现金流能够满足资本需要，但是这时企业的自由现金流成本变得突出，企业进行债务融资将减少自由现金流成本。当企业缺乏债务能力或是权益融资的成本较低的时候，企业可能进行权益融资而不是增加负债。在权益定价不是足够低的情况下，为了保持财务弹性，即便企业具有债务能力，也可能进行权益融资。

三、产品影响投资背景

资本作为生产要素之一，必须同其他生产要素相互结合，优化配置，才能发挥资本的使用价值，才能创造价值。生产资本是以生产数据和劳动力形式存在的资本，商品资本是以商品形式存在的资本。不变资本是投资方购买生产资料的那部分资本，它不会随生产力的发展而改变，而可变资本是投资方购买劳动力的资本，这部分资本会随着生产效率的提高而改变。固定资本是投资方购买的厂房、设备等不易移动的资本，而流动资本是工人工资和原材料的成本。

对于某些投资者来说，产品管理实际上是最常见的背景之一，产品市场竞争程度与公司投资支出规模之间存在负相关关系。企业所处的产品市场竞争越激烈，企业将会更谨慎地进行投资决策，通常会缩减投资支出。同时成本的存在也会影响企业的投资行为，如出于股东与经理人成本的考虑，投资非效率是一种典型折射。基于此，企业在进行投资决策时应综合考虑内外部因素，在解析其内部资本结构的基础上充分认识所处产品市场的竞争态势，从而做出高效率的投资决策。

通过产品会直接联想到一个名词，那就是品牌，品牌的知名度、地位与价值又会直接影响到投资人对于投资标的的主观性、客观性的分析。因此，许多体质优良的企业对于自身的生产管理、精益生产管理、高效管理均投入大量的成本，以求产品的稳定性及市场接受度的提升。中国的竞争模式往往是新加入者采用劣币驱逐良币模式，采用低价策略先除掉竞争对手，待市场占有率提升后再变更产品战略，以确保市场占有率与竞争地位。因此，无论是制造型企业、服务型企业，还是科技创新型企业，为了提高使用者对产品的信心，企业对自身产品的要求逐渐提高。

产品的优劣会直接或间接地影响投资的获利性，决定市场占有的比例，在中长期的资本运作中，它也将决定投资者预期的投资回报速度，在企业资本运作的财务数据中占据着极为重要的地位。因此，如何有效地平衡投资背景是值得深思的。

四、品牌影响投资判断

尽管有多方的专家提出，营销管理有 4P、6P、8P、12P 的论点，但企业营销结果的优劣对于投资方、品牌形象、知名度、市场占有率、价格等都存在着不同程度的影响。中国的发展在国际上一直备受讨论，依照正常的发展曲线，国外在进行投资时始终认为品牌价值是无限的，然而在畸形发展下的中国已形成劣币驱逐良币的状况，因此诸多贪图眼前利益的企业不认为优质品牌可以带来快速效益，反而认为尽管质量不佳也仍能为企业带来收益。因此企业选择了质量管控成本降低的策略，并增加了广告、宣传、媒体的成本，希望迅速地看见所谓的品牌名声与品牌价值效应。

然而，品牌是一个工程，不是一个流程。根据统计数据，全球百年品牌存活率数量最高的是日本，而阵亡率数量最高的是中国，主要是因为国内的品牌企业只重视知名度与销售速度，却不重视品牌的精神、质量与消费者忠诚，虽然能快速地见到成效或获利，但也快速地失去消费者的信心与忠诚，从而失去市场。品牌的生命力与价值往往不是被自己淘汰，而是被一直活动在市场上的消费者淘汰，诺基亚不就是最典型的案例吗？

投资者并不傻，更不呆，其锐利的眼光与宽广深远的角度远比运作品牌的人高深千百倍。因此，品牌的延续力、延伸力、整体价值都将是投资方最看重的要点。

五、创新影响投资数量

根据 2015 年《汤森路透》① 发表的全球企业创新排名 TOP100，日本入围企业有 40 家，美国有 35 家，法国有 10 家，德国有 4 家，瑞士有 3 家，中国无入围企业。

国外对企业创新能力大力倡导与扶持，高新科技更是政府支持力度较大的项目，未来将随着发展趋势支持 12 大新兴技术发展，包括移动互联网、人工智能、物联网、云计算、机器人、新一代基因组技术、自动化交通、能源储存技术、3D 打印、新一代材料技术、非常规油气勘采、资源再利用。

10 年前，全球市值前 10 名的企业主要集中在能源、金融等传统产业，如今已经被高科技与互联网企业占据半壁江山。国内社会与经济的车轮永远不会停止，资本始终是推动新产业发展的主要推手之一。专家认为，未来 10 年国内最有投资价值的 17 个行业包括：云计算、大数据、虚拟现实、人工智能、3D 技术、无人技术、机器人、新能源、新材料、医疗服务、生命技术与生命科学、医疗器械、互联网医疗、健康养老、体育、娱乐、教育。

当然，除了上述行业外，仍有许多传统产业的创新模式占据着总体市场的比例，各行业仍需平衡发展，如果企业为了转型、转行而一窝蜂地加入所谓明星行业，那么不仅失去了平衡，也会面临更艰巨的种种考验。

---

① 汤森路透是国家知识产权中心、中国科学院的合作伙伴，可见其权威性。

六、团队影响投资结果

对天使轮投资人而言，会将被投资方或项目的团队作为重要的考虑方向，因为这个团队有没有凝聚力及团队凝聚力的大小决定了大家能否齐心协力地做成这个事情。项目本身的模式在初期具体执行时变量比较大，在多方可能因素的影响下，初创团队的经历将决定项目或被投资方的成败。

例如，国内知名投资人徐小平先生会从三个角度来判断团队：一是团队吸引力：团队成员之间是否有那种互相仰慕的情感，认为能与这个人一起工作很棒。二是团队互补力：团队成员之间互补，但也不单纯是指能力，也包括性格。三是团队协调力：一堆人一起做事，一定会有冲突，团队从冲突走向妥协的能力非常重要。

熊晓鸽先生也认为，选对了河流，团队就是划船的舵手，本事好一点儿就不翻船，能够很快到达终点，本事差一点儿可能就会翻船，所以团队是这其中最重要的一环。

当然每个投资人或投资方的侧重点不同，天使轮投资人的侧重与 A 轮投资人、B 轮投资人、C 轮投资人甚至后期投资轮投资人的角度与需求各有不同。

七、供应链影响投资发展

供应链金融起源于供应链管理，传统的供应链管理强调"6R"，就是将顾客所需的正确的产品在正确的时间按照正确的数量、正确的质量和正确的状态送到正确的地点，并使总成本最小。近年来，供应链金融已经成为各产业寻求竞争力与可持续发展的重要途径，随着互联网的发展，以互联网为基础的供应链金融不仅是一种金融创新手段，而且发展和完善了金融市场环境，更好地解决了中小企业的融资难问题。在此延伸下，供应链金融开始产生。

随着经济全球化与网络化进程的加速，不同地区、国家、产业、公司之间的藩篱逐步打破，大企业在供应链中占据着主导和优势地位，而小企业则处于劣势地位，小企业成为供应链中的"短板"，制约了供应链的发展。为了增强供应链的稳定性和减少供应链整体的财务成本，新时代的供应链研究和探索开始强调提升资金流效率，重塑商业流程。可以说，互联网已经全面渗透到了供应链金融的各个环节。

供应集成可能成为未来的大趋势，利润空间很大，但是需要资金的多寡就得看企业或项目怎么运用金融工具和手段来促成这个供应链环境下的合作，供应链金融的发展与壮大是因为这种全新的产融结合模式解决了传统供应链中参与主体的痛点。在全球一体化与网络化背景下，供应链金融既是一种独特的商业融资模式，也是一种全新的产业组织模式。

供应链金融是一个新的资本运作趋势，除了以服务为主营项目的企业外，任何企业都有自身所属的商品或产品，而任何一个商品均需要供应链的组合，未来开展资本运作的企业，也可将上下游供应链完整结合。简单地说，就是以前只攀比企业的实力，未来将是攀比企业的供应链实力，而这实力除了优质的产品、管理、价格、市场、品牌之外，还包括供应链组合体系的财力。供应链金融在未来10年将会发展成为资本运作中的重要串联环节，此模式势必会对小规模、体质不佳的企业带来巨大的冲击。

八、模式影响投资价值

"商业模式"是众所周知的名词，已成为各企业绞尽脑汁所思考的问题，而创新商业模式是指在现代经营管理理论的基础上，紧抓企业核心竞争力，利用手中优势资源大胆将非优势环节外包的商业模式的总称。创新商业模式的关键在于明白企业自身的优势并着力发展使之成为企业的核心竞争力，同时利用市场经济条件下的产业分工体系合理地通过外包机制使企业轻装上阵，具有代表性的企业有 PPG、ALIBABA、雅芳的众多直销企业等。

但无论是哪个行业，任何创新都围绕在几个基础论点上。将这些商业模式套入商业计划书时，少数企业是依照自身的实际发展状况来设定，只是稍为浮夸些或理想些，而多数企业是完全的理想化、梦想化，一步错、步步错，这样不仅会为企业自身带来无形的危害，更会造成巨大的投资风险。

模仿成功者的模式固然是好事，但每一家企业的体质不同，管理更是不同，因而如何能如法炮制呢？任何一个论点均有验证的结果，企业无论处在孵化、草创还是成长发展阶段，均需认清自身的能力，完善属于自己的商业模式。什么模式称为好，符合自身条件的就是好，好的商业模式可以让企业一本万利，错误的商业模式会带领企业走上亏损的窘境，甚至会走上不归路。以下是多位专家的论点，可以作为商业模式的设定参考。

1. 微笑曲线

在这一曲线上，两头上面是盈利最大的，下面是盈利最薄的。可以考虑自己在哪个点上，如果是底下的曲线会做得很辛苦，一定要做成本控制。左边是研发创新型，要有专利，右边是销售创新型。

2. 价值链

从供货商一直延伸出去就是一条价值链，如果能把它缩短那么就可以挣钱。或者抓住里面的某一条、某一点，把它做深、做透。如果产品很好，则酒香不怕巷子深，或者产品不是很好，但配送快，如送一个打火机上八层楼，服务很好，顺丰快递就是这样做到了价值链的创新。

3. 价值网

当把价值链放大到整个社会就形成了价值网，可以利用各种资源做自己的事情。例如，生产商和供货商、销售商开展合作。在某一点上打造一个联盟就可以有新的模式出现。

4. 盖伊·川崎四象限模型

以"对客户的价值"为横轴，以"提供独一无二的产品或服务的能力"为纵轴，出现四个象限。第一象限：不但产品对客户很有用，而且只有你知道怎么做；第二象限：没有人觉得你的产品有用，但只有你在做；第三象限：不但没有人觉得你的产品有用，而且有一大帮企业在做；第四象限：你的企业没有什么独到的能力，但你的产品有一定的用处。这个象限模型可以判断企业业务重心在哪一区块，基本上第三、第四象限的产品是不用去做的，第一象限是对客户有价值，也只有你会做，这是最好的。如果是在第二象限，别人都不喜欢的产品而你去做了，那就是方向错误了。

5. 现金池理论

企业现金池模式的主要特点包括以下几点：第一，公司和分公司、子公司的资金账户必须设在同一银行，公司通过和银行签订协议，利用电子银行系统对分公司、子公司的账户进行实时监控；第二，将融资转移到企业内部，提升了公司整体的授信额度；第三，公司可通过电子银行系统实时监控各分公司、子公司的账户数据；第四，对银行网络系统和企业信息化管理有较高的要求，依赖于提供资金管理服务的商业银行，相互之间关系较为紧密。

现在企业运作中多数都会用到现金池理论，国美就是依靠供货商4个月的账期形成现金池。支付宝也是这样，不过时间短一点，但是支付宝的量大，打个七折也有八九千亿元。如今许多学校放假前预收学费，这也能为学校创造些利息。

6. SNS 理论

依据六度理论，社交网络服务以认识朋友的朋友为基础，扩展自己的人脉，并且可以无限扩张自己的人脉，在需要的时候随时获取一点，得到该人脉的帮助。SNS 网站是依据六度理论建立的网站，帮你运营朋友圈的朋友。

SNS 理论主要的概念是弱关系、结构洞、社会资本。社会本身就是资本。我们所有人之间的关系分为强关系和弱关系，强关系就是我们已经有的关系，不用努力就能得到，关键是弱关系要开发出来，结合起来就是结构洞。国内的 WeChat（微信）、国外的 Facebook（脸书）都是非常成功的代表企业，通过这些平台，主体可以延伸出更多模式，如微商。

7. 六度空间理论

小世界现象（又称小世界效应），也称六度空间理论、六度分隔理论。该理论假设世界上所有互不相识的人只需要很少中间人就能建立起联系。根据六度空间理论，一个人要结识地球上任何一个人，只要通过六度空间就可以接触到。

例如，Dobot 机械臂创始人，面对孵化器平台激烈的竞争和转型困境，他用"六度空间"创新模式，建立了 70 个孵化基地，引爆美国著名的众筹平台，让创业者创造奇迹。

第六章

集雪资本可运作投融资方式

集雪资本运作模式可结合使用的投融资种类应依照企业和项目现有阶段、总体规模大小、体质（企业各项财务、资源、产品、固定资产、非固定资产），以及管理能力（管理、制度、流程），配合企业阶段战略评估后综合建议实施，并非限定在某个种类上。

项目和发起企业的产品竞争力、销售竞争力、人才竞争力、研发竞争力、财务竞争力、信息竞争力、品牌竞争力均各有不同，既然要进行资本运作，就必须依照自身的实际状况设计属于自己的资本运作模式，而并非一成不变的固定模式。婚姻有讲究门当户对一说，相应地，选择资本运作模式时也需要门当户对。

资本运作是被投资方可挑选的模式，当然也必须面对投资方的挑选，这是相对应的存在关系。如果被投资方所选定的融资方式是自己喜好的，可是自身企业的体质、管理基础并不符合投资方的喜好，那么之前所筹备的一切不仅耗损了时间、精神、体力、金钱，而且最后可能是白忙一场，这是谁都不愿意看见的。因此，综合评估后的实施方式才是符合双方要求的，相对应的资本运作雏形也才能形成，甚至与投资方涉及短期、中期、长期的合作规划。

一、众筹

（一）什么是众筹

众筹来源于"众包"。与"众包"的广泛性不同，众筹主要侧重于资金方面的帮助。具体而言，众筹就是发动众人的力量，集中大家的资金、能力和渠道，为个人进行某项活动、某个项目或创办企业提供必要的资金援助的一种融资方式。

众筹平台近年来快速崛起，作为网络商业的一种新模式，众筹平台是指项目发起者利用互联网和 SNS 传播的特性，为有资金需求的个人或项目提供必要的资金服务。

众筹是一个新名词，但并非一个新模式，早在几千年前释迦牟尼四处宣扬佛法时就已经采用此方法，如聚集信徒的财力、物力、人力建造寺庙以及募集粮食，为信徒提供修行的场所，也提供僧侣们宣扬佛教的场所，因此，释迦牟尼堪称众筹的鼻祖。

众筹主要分为四类，每个行业都适用，只是在操作时会依照实际状况选择不同的模式与方法，也因为行业的不同，众筹时的难易度存在差异。

（1）债权众筹：投资者对项目或公司进行投资，获得其一定比例的债权，未来获取利息收益并收回本金（我给你钱，你之后还我本金和利息）。

（2）股权众筹：投资者对项目或公司进行投资，获得其一定比例的股权（我给你钱，你给我公司股份）。

（3）回报众筹：投资者对项目或公司进行投资，获得产品或服务（我给你钱，你给我产品或服务）。

（4）捐赠众筹（公益众筹）：投资者对项目或公司进行无偿捐赠（我给你钱，你什么都不用给我）。

自 2015 年以来，众筹模式在国内发展越发明显，且需求量不断倍增，众筹平台也不断增加，少数的众筹平台已开始创造出差异化。新三板的成熟也让私募平台得到了一个发挥的机会，新三板的交易量逐渐提升，未来新三板与互联网私募平台的结合将正式走进市场。笔者认为，未来两年内，国内大型企业将逐步投资众筹平台与众筹模式，五年内将掀起一场众筹平台的争霸战，同时也将逐渐形成国内的全民投资生态。

（二）为什么会流行股权众筹

股权众筹，是指公司面向普通投资者出让一定比例的股份，投资者则通过投资方式入股公司，以获得未来的收益。

许多企业的商品、模式、渠道、管理、知名度差异越来越小，多数人开始认为产品已经不再具备其价值性，尤其是传统制造企业、新科技产业、服务业等，而且对资金的需求额度较大，多数企业在产品不能体现价值的情况下，只能将一种东西变成有价值的筹码，那就是"股权"，希望通过股权的改变来改善产品、改善模式、改善团队。

另外，传统的众筹是筹钱，如今除了筹钱之外还要筹人、筹资源，多数的中小型企业都面临相同的问题，即没钱、没人、没资源。而股权众筹却能解决企业一部分或大部分的难题，这也是近几年股权众筹如此受欢迎的原因之一。

股权众筹是四类众筹中最影响公司未来上市时企业自身利益的模式，同时操作时也较复杂，尤其是股权设计，一旦设计不当将可能导致管理受限、利益受损，也可能导致发起人不再成为公司的最大股东，甚至睡了一觉后董事长换人了。因此，建议企业在进行股权设计时寻找专业机构的指导，千万不要为了省钱自己摸索，这样反而造成不可挽回的错误。

（三）股权众筹的分类

从投资者的角度看，以股权众筹是否提供担保为依据，可将股权众筹分为无担保的股权众筹和有担保的股权众筹两大类。前者是指投资人在进行众筹投资的过程中没有第三方公司提供相关权益问题的担保责任，目前国内基本上都是无担保的股权众筹；后者是指股权众筹项目在进行筹资时，有第三方公司提供相关权益的担保，这种担保是固定期限的担保责任。

通常股权众筹时会通过在线与线下两种不同模式进行，前者是互联网众筹平台，后者是公开众筹招商会，其运作方式与流程截然不同。

（四）股权众筹平台介绍

在股权众筹运营中，主要参与主体包括筹资人、出资人和众筹平台，部分平台还专门指定有托管人。

1. 筹资人

筹资人又称发起人，通常是指融资过程中需要资金的创业企业或项目，他们通过众筹平台发布企业或项目融资信息以及可出让的股权比例。

2. 出资人

出资人往往是数量庞大的互联网用户，他们利用在线支付等方式对自己觉得有投资价值的创业企业或项目进行小额投资。待筹资成功后，出资人获得创业企业或项目一定比例的股权。

3. 众筹平台

众筹平台是指连接筹资人和出资人的媒介，其主要职责是利用网络技术支持，根据相关法律法规，将项目发起人的创意和融资需求信息发布在虚拟空间里，供投资人选择，并在筹资成功后负有一定的监督义务。

4. 托管人

为保证各出资人的资金安全，以及出资人资金切实用于创业企业或项目和筹资不成功的及时返回，众筹平台一般都会指定专门银行担任托管人，履行资金托管职责。

（五）股权众筹平台的操作流程

（1）创业企业或项目的发起人向众筹平台提交项目策划或商业计划书，并设定拟筹资金额、可让渡的股权比例及筹款的截止日期。

（2）众筹平台对筹资人提交的项目策划或商业计划书进行审核，审核的范围具体包括但不限于真实性、完整性、可执行性以及投资价值。

（3）众筹平台审核通过后，在网络上发布相应的项目信息和融资信息。

（4）对该创业企业或项目感兴趣的个人或团队，可以在目标期限内承诺或实际交付一定数量的资金。

（5）目标期限截止，筹资成功的，出资人与筹资人签订相关协议；筹资不成功的，资金退回各出资人。

通过以上流程分析，与私募股权投资相比，股权众筹主要通过互联网完成"募资"环节，所以又称为"私募股权互联网化"。

二、互助式众筹

（一）什么是互助式众筹

互助式众筹又称为"特定对象众筹"，与"非特定对象众筹"的私募股权互联网化有所区别。互助式众筹，简称"互筹"，顾名思义，就是相互帮助进行众筹，即将有着共同梦想和相同境遇的一群人聚集在一起，组成一个互助社群，本着"人人为我，我为人人"的坚定信念，群组中有任何一人遇到无法解决的困难和想实现的梦想，社群中的其他成员都会主动出资来帮助这个人解决困难和实现梦想。所以，互助式众筹源于众筹，而高于众筹；本质是互助，但又超越了互助。互助式众筹集互助、众筹、社群、公益于一体，有效补充了企业发展资金，满足了更多群体多样化的需求，真正做到来源于大众，而又普惠大众。

互助式众筹在国内是一个新名词，却不是一个新概念，其实中国春秋时期孔子的思想"耕三余一"，古埃及石匠中的"互助基金组织"、古罗马军队中的"会费"以及如今的各类型保险，都是互助式众筹概念的体现。聚集大家的力量来完成或解决一件事、实现一个人的理想，通过一件事或一个人理想的完成，解决每一个人都可能产生的需求，以有需求的优先，现阶段无需求的在以后也同样会有可能的需求，从而使每一个人或事达成平衡。这就是互助式众筹的精神与存在价值。

（二）互助式众筹的核心

互助式众筹的核心是必须建立一个拥有统一思想和坚定信念的社群组织，社群内的人都必须具备基本的高尚品德，具体如下：

1. 互助式众筹必须拥有较高的诚信机制

互助式众筹的前提是群体内所有人都必须实名制，相互之间都必须进行信用背书，彼此都会有一定的了解，相互帮助的概率较大。

2. 互助式众筹必须具备统一的互助信念

互助式众筹群体内每一位成员都必须拥有利他的精神，本着"先帮助别人才会有别人来帮助你"的理念进行互助行动。

3. 互助式众筹的本质其实是互助

互助式众筹相比一般的互助行动，普惠面将更加广泛，而且还能得到一定的回报，实现投入和产出、付出与回报均等。

（三）互助式众筹的特性

互助式众筹虽然包含了互助和众筹两个层面的含义，但它的形式却更加灵活多样，信息也更加公开透明，拥有以下四个特性：

1. 共同分担

互助本身就是一种趋利避害、分担风险的重要方式。互助式众筹也不例外，如果项目成功了，大家一荣俱荣；如果失败了，也是共同承担相应的风险。

2. 风险最低

互助式众筹的核心也是小额互助，参与互助式众筹需要投资的费用一般都比较低，任何人都可以轻松承担投资风险，即使项目失败了，损失也极低。

3. 形式多样

相对于任何一种众筹模式，互助式众筹的形式更加灵活多样，既可以是全部人员一起互助，也可以是部分人互助，互助的项目也可以是任何一种梦想或者困难。

4. 公开透明

互助式众筹的信息更加公开透明，项目进展情况和互助事件都会进行实时公示，群体内任何人都可随时查询互助式众筹项目的详细情况和进度。

（四）互助式众筹的方式

1. 互保互筹

特指"一人有难，众人帮扶"的互助式众筹，即在某个群体内，当一个人遇到困难需要资金，群体内其他成员一起小额均摊的互助形式。

2. 接力互筹

接力互筹在互助式众筹中属于比较新式的方法，即在互助群体中，如果有多个需要帮助的人，根据某种特定的共性，如按照他们加入群体的时间进行排序，然后群体内其他成员自动划分为多个小型群体，按序对那些需要帮助的人展开互助。

3. 联盟互筹

在互助社群内，任何成员出资或带动亲朋好友出资去帮助其他成员，无论是购买、消费、捐助等都能获得与出资总额相等的积分，此后这个成员如果有困难或梦想时，能将获得与上述积分相等的互助资金作为抵偿。

4. 自由互筹

即推荐互助，在互助群体内，由群体管理者挑选需要帮助的人或项目，进行相应的信用背书后，公开推荐给群内所有成员，群内所有成员可自由选择自己感兴趣的人和项目提供互助。

三、风险投资

（一）什么是风险投资

从投资行为的角度来讲，风险投资是把资本投向蕴藏着失败风险的高新技术及其产品的研究开发领域，旨在促使高新技术成果尽快商品化、产业化，以取得高资本收益的一种投资过程。从运作方式来看，是指由专业化人才管理下的投资中介向特别具有潜能的高新技术企业投入风险资本的过程，也是协调风险投资家、技术专家、投资者的关系，实现利益共享、风险共担的一种投资方式。

随着新的风险投资方式不断出现，对风险投资的细分也就有了多种标准。根据接受风险投资的企业的不同发展阶段，一般可将风险投资分为四种类型：

1. 种子资本

种子资本是指在技术成果产业化前期就投入的资本，也被称为种子资金。由于种子资本进入较早，所以风险相对更大，但潜在收益也相对增加。从科技成果产业化的角度来看，种子资本的作用是非常重大的。正是由于种子资本的出现，才使许多科技成果能够迅速实现产业化，才能有更大的发展，这就是"种子"的寓意。由于种子资本的高风险性，以及其在科技成果转化中的重要作用，很多种子资本都是由政府提供的，即我们所常见的政府种子基金。

2. 导入资本

项目或发起企业有较明确的市场前景后，由于资金短缺，便可寻求导入资本，支持企业的产品中试和市场试销。由于技术风险和市场风险的存在，企业要想激发风险投资家的投资热情，除了本身必须达到相当的规模外，对导入资本的需求也应该达到相应的额度。这是从交易成本（包括法律咨询成本、会计成本等）的角度考虑，投资较大的公司比投资较小的公司更具有投资的规模效应。小公司抵御市场风险的能力相对较弱，即使经过几年的显著增长，也未必能达到股票市场上市的标准。因此，风险投资可能不得不为此承担一笔长期的、流动性慢的资产，也为此承受投资人要求得到回报的压力。

3. 发展资本

成长发展期的发展资本在欧洲已成为风险投资业的主要模式。以英国为例，目前发展资本已占到风险投资总额的 30%。这类资本运作的重要作用在于协助那些私人企业突破杠杆比率和再投资利润的限制，巩固这些企业在行业中的地位，为它们进一步在资本市场上获得权益融资打下基础。尽管该阶段风险投资的回报并不太高，但对于风险投资家而言却具有很大的吸引力，原因就在于所投资的风险企业已经进入成熟期，包括市场风险、技术风险和管理风险在内的各种风险已经大大降低，企业能够提供一个相对稳定和可预见的现金流，而且，企业管理层也具备良好的业绩记录，可以减少风险投资家对风险企业的介入所带来的成本。

4. 风险并购资本

"并购"适用于较为成熟、规模较大和具有巨大市场潜力的企业。与一般杠杆式并购的区别在于，风险并购的资金不是来源于银行贷款或发行无效债券，而是来源于风险投资基金，收购方可通过融入风险资本来并购目标公司的产权。

（二）风险投资的操作流程

风险投资的运作包括融资、投资、管理、退出四个阶段。

1. 融资阶段

该阶段解决"资金来源"的问题。通常提供风险资本来源的包括养老基金、保险公司、商业银行、投资银行、大公司、大学捐赠基金、富有的个人及家族等，在融资阶段，最重要的问题是如何解决投资方和管理人的权利义务及利益分配关系安排。

2. 投资阶段

该阶段解决"资金用途"的问题。专业的风险投资机构通过项目初步筛选、尽职调查、估值、谈判、条款设计、投资结构安排等一系列设计，把风险资本投向具有巨大增长潜力的创业企业。

3. 管理阶段

该阶段解决"价值增值"的问题。风险投资机构主要通过监管和服务实现价值增值，"监管"主要包括参与被投资企业董事会、在被投资企业业绩达不到预期目标时更换管理团队成员等，"服务"主要包括帮助被投资企业完善商业计划、公司治理结构以及帮助被投资企业获得后续融资等。价值增值型的管理是风险投资机构极其重要的管理。

4. 退出阶段

该阶段解决"收益实现"的问题。风险投资机构主要通过 IPO、股权转让、破产清算三种方式退出所投资的企业，实现投资收益。退出完成后，风险投资机构还需要将投资收益依比例或约定分配给提供风险资本的投资者。

（三）风险投资的风险

在 20 世纪 50 年代，美国政府成立了小企业管理委员会（SBA），对一些小型创新企业进行政府扶植，这标志着政府对创新传播投资的认可，也是公认的现代风险投资的起点。20 世纪 30 年代后期，美国出现了一些数量不大的特殊家族，他们从事政府严格控制的行业，并赚取了大量现金，其中有些家族为使他们的后代享受他们所赚取的金钱，并不再受政府注意，逐渐将资金投放到正常的商业经营中。这些家族将自己转行的目标放在新兴行业上，并出巨资聘请这类行业中的精英为他们服务，一旦他们所投资或资助的企业走上正轨，他们就会控制这些企业，以达到转行的目的；如果他们所投资的企业失败，他们也会追究失败者的责任。由于这些家族的大量资金进入新兴行业的投资市场，使原本由大企业、银行、财务公司或信托企业控制的投资市场的规则被打破了，市场不得不改变其原有的运行规则，以适应不同类型投资者的进入。

风险投资在营运得当的状况下，可以是一个立竿见影的资本运作模式。在营运不当的状况下，也可能血本无归。IPO 观察专栏作家江瀚发表了一篇题为《为什么风险投资让我们丢掉了健康，还失去了生活?》的文章，描述了创业者与风险投资之间的关系。

江瀚先生的论点已经说出了许多参与风险投资的项目和发起企业内心的感慨。中国经济的飞速发展，日益吸引着留学海外的中国学子回国创业发展。一个高科技项目，一个创业小团队，一笔金额不大的启动资金，这是绝大多数海归刚开始创业时的情形。一个新模式，一个好团队，一笔有限定性的加码资金，这也是绝大多数企业创业中有融资需求的情形。然而，多数创业者在顺利获得风险投资资金的同时却在无形之中失去了更多。

另外，美国风险投资规则的建立是依靠两种东西：一是"公司法"。但是中国的公司法不支持优先股，对其没有特殊的保护，而且更看重实物和货币现金的出让，对无形资产的评估和股份比例有限制。所以，在先天机制方面，中国在支持风险投资上存在不足，也就谈不上法律的有效保护，这是国内没有美国那样普遍的风险投资游戏规则的最大原因。二是人的"意识"。无论是国内投资者还是国内创业者，拿风险投资商的钱就要遵守人家的游戏规则。但多数国内创业者尚未具有这个意识，总认为拿风险投资的钱就是目的，甚至忽略了企业必须遵守风险投资方的游戏规则。风险投资商一大笔钱的投资也绝非一件玩笑事，被投资方必须完全负起对风投获利的大部分责任。

风险投资可能因为两个目的而希望参与被投资公司的治理，一是价值认证，二是道德风险。风险投资与被投资公司的结合是一件好事，双方都必须站在彼此的立场去面对，风险投资方必须学会"尊重"，而被投资方必须学会"遵守"，如此才能让风险投资游戏产生更大的成果。

四、私募股权基金

（一）什么是私募股权基金

私人股权投资（又称私募股权投资或私募基金），是一个很广泛的概念，是指对任何一种不能在股票市场自由交易的股权资产的投资。被动的机构投资者可能会投资私人股权投资基金，然后交由私人股权投资公司管理并投向目标公司。私人股权投资可以分为以下种类：杠杆收购、风险投资、成长资本、天使投资和夹层融资以及其他形式。私人股权投资基金一般会控制所投资公司的管理，而且经常会引进新的管理团队以使公司价值提升。

1. 杠杆收购

杠杆收购（LBO）是一种收购方式，是指举债收购，收购者仅有少许资金，借由举债借入资金来收购其他公司，如同运用杠杆原理以较小的力量抬起十倍甚至百倍的重物。

2. 风险投资

风险投资（VC）是把资本投向蕴藏着失败风险的高新技术及其产品的研究开发领域，旨在促使高新技术成果尽快商品化、产业化，以取得高资本收益的一种投资过程。

3. 成长资本

成长资本（GC）是以资本长期增值作为投资目标的基金，其投资对象主要是市场中有较大升值潜力的小公司股票和一些新兴行业的股票。这类基金一般很少分红，经常将投资所得的股息、红利和盈利进行再投资，以实现资本增值。

4. 天使投资

天使投资（AI）是自由投资者或非正式风险投资机构对原创项目构思或小型初创或孵化企业进行的一次性的前期投资。

5. 夹层融资

夹层融资（MF）是指在风险和回报方面介于是否确定于优先债务和股本融资之间的一种融资形式。对于公司和股票推荐人而言，夹层融资通常提供形式非常灵活的较长期融资，这种融资的稀释程度要小于股市，并能根据特殊需求做出调整。而夹层融资的付款事宜也可以根据公司的现金流状况确定。

（二）私募股权基金的特点

1. 私募资金

私募股权基金的募集对象范围相对公募基金要窄，但是其募集对象都是资金实力雄厚、资本构成质量较高的机构或个人，这使得其募集的资金在质量和数量上不一定少于公募基金。私募股权基金的对象既可以是个人投资者，也可以是机构投资者。

2. 股权投资

除单纯的股权投资外，还出现了变相的股权投资方式（如以可转换债券或附认股权、公司债等方式投资），和以股权投资为主、债权投资为辅的组合型投资方式。这些方式是私募股权在投资工具、投资方式上的一大进步。股权投资虽然是私募股权投资基金的主要投资方式，其主导地位并不会轻易动摇，但是多种投资方式的兴起、多种投资工具的组合运用已形成不可阻挡的潮流。

3. 风险大

私募股权投资的风险首先源于其相对较长的投资周期。因此，私募股权基金想要获利，必须付出一定的努力，不仅要满足企业的融资需求，还要为企业带来利益，这注定是一个长期的过程。其次，私募股权投资成本较高，这一点也加大了私募股权投资的风险。此外，私募股权基金投资风险大，还与股权投资的流通性较差有关。

股权投资不像证券投资可以直接在二级市场上交易，其退出渠道有限，而有限的几种退出渠道在特定地域或特定时间也不一定很畅通。一般而言，PE 成功退出一个被投资公司后，其获利可能是 3～5 倍，而在我国，这个数字可能是 20～30 倍。高额诱使巨额资本源源不断地涌入 PE 市场。

4. 参与管理

通常，私募股权基金中会有一支专业的基金管理团队，具有丰富的管理经验和市场运作经验，能够帮助企业制定适应市场需求的发展战略，对企业的经营和管理进行改进。但是，私募股权投资者只是参与企业管理，而不以控制企业为目的。

（三）私募股权基金的模式

1. 公司制

公司制私募股权投资基金就是法人制基金，主要根据《公司法》（2005年修订）、《外商投资创业投资企业管理规定》（2003 年）、《创业投资企业管理暂行办法》（2005 年）等法律法规设立。

在商业环境下，由于公司这一概念存续较长，所以公司制模式清晰易懂，也比较容易被出资人接受。在这种模式下，股东既是出资人，也是投资的最终决策人，各自根据出资比例来分配投票权。

2. 信托制

是指信托公司将信托计划下取得的资金进行权益类投资。其设立的主要依据为《信托法》（2001 年）、银监会制定的《信托公司管理办法》和《信托公司集合资金信托计划管理办法》（简称"信托两规"）、《信托公司私人股权投资信托业务操作指引》（2008 年）。

采取信托制运行模式的优点是可以借助信托平台，快速集中大量资金，起到资金放大的作用，但不足之处是信托业缺乏有效登记制度，信托公司作为企业上市发起人，股东无法确认其是否存在代持关系、关联持股等问题，而监管部门要求披露到信托的实际持有人。

3. 有限合伙制

有限合伙制私募股权基金的法律依据为《合伙企业法》（2006 年）、《创业投资企业管理暂行办法》（2006 年）以及相关的配套法规。按照《合伙企业法》的规定，有限合伙企业由 2 个以上 50 个以下合伙人设立，由至少一个普通合伙人（GP）和有限合伙人（LP）组成。普通合伙人对合伙企业债务承担无限连带责任，而有限合伙人不执行合伙事务，也不对外代表有限合伙企业，只以其认缴的出资额为限对合伙企业债务承担责任。

同时《合伙企业法》规定，普通合伙人可以劳务出资，而有限合伙人则不得以劳务出资。这规定明确地承认了作为管理人的普通合伙人其智力资本的价值，体现了有限合伙制"有钱出钱、有力出力"的优势。

而在运行上，有限合伙制企业，不委托管理公司进行资金管理，而直接由普通合伙人进行资产管理和运作企业事务。采取有限合伙制的主要优点有：①财产独立于各合伙人的个人财产，各合伙人的权利义务更加明确，激励效果较好。②仅对合伙人进行征税，避免了双重征税。

4. 有限合伙模式

"公司+有限合伙"模式有公司制和合伙制两种，合伙制中又有普通合伙和有限合伙两种，该模式是较为普遍的股权投资基金操作方式。由于自然人作为 GP 执行合伙事务的风险较高，加之私人资本对于有限合伙制度的理念和理解不尽相同，无疑增强了对自然人 GP 的挑战。

同时，《合伙企业法》中，对于有限合伙企业中的普通合伙人是没有要求是自然人还是法人的。于是，为了降低管理团队的个人风险，采用"公司+有限合伙"模式，即通过管理团队设立投资管理公司，再以公司作为普通合伙人与自然人、法人 LP 们一起，设立有限合伙制的股权投资基金。

由于公司制实行有限责任制，一旦基金面临不良状况，作为有限责任的管理公司则可以成为风险隔离墙，而管理人的个人风险得以降低。在该模式下，基金由管理公司管理，LP 和 GP 共同遵循既定协议，通过投资决策委员会进行决策。

5. "公司+信托"模式

"公司+信托"的组合模式结合了公司制和信托制的特点，由公司管理基金，通过信托计划取得基金所需的投入资金。在该模式下，信托计划通常会由受托人发起设立，委托投资团队只作为管理人或财务顾问建议信托进行股权投资，同时管理公司也可以参与投资项目跟投。

需要提及的是，《信托公司私人股权投资信托业务操作指引》第二十一条规定："信托于事先有约定的，信托公司可以聘请第三方提供投资顾问服务，但投资顾问不得代为实施投资决策。"这表明，管理人不能对信托计划下的资金进行独立的投资决策。同时，管理人或投资顾问还需要满足以下几个重要条件：①持有不低于该信托计划 10% 的信托单位。②实收资本不低于 2000 万元人民币。③管理团队主要成员的股权投资从业经验不可少于 3 年。

采用该模式的主要为地产类权益投资项目。此外，一些需要快速运作资金的创业投资管理公司也常常借助信托平台进行资金募集。

6. 母基金（FOF）

母基金是一种专门投资于其他基金的基金，也可称为基金中的基金，其通过设立私募股权投资基金参与到其他股权投资基金中。母基金利用自身的资金及管理团队优势，选取合适的权益类基金进行投资，通过优选多只股权投资基金来分散和降低投资风险。

国内各地政府发起的创业投资引导基金、产业引导基金都是以母基金的运作形式存在的。政府利用母基金的运作方式，可以有效地放大财政资金，选择专业的投资团队，引导社会资本介入，快速培育本地产业，尤其是政府扶持的新兴产业。

五、发行内部增发股份

股票是股份公司发行的所有权凭证，是股份公司为筹集资金而发行给各个股东作为持股凭证并借以取得股息和红利的一种有价证券。每股股票都代表股东对企业拥有一个基本单位的所有权。

未上市或不打算上市的股份有限公司、有限公司都是无法公开发行股票的，只能在内部认购股份。增发股份的目的是融资，这类公司目前虽然没有上市，但仍可通过此种方法来获得预期资金，方式如下：

（1）对公司财产进行总体估算，包括固定资产、无形资产（技术、专利、商标等），确定基本价值，同时对公司经营状况和未来发展潜力进行评估（以上可委托专业机构进行）。

（2）公司估价后（如果公司运作良好，估值将高于实际价值），用总价值除以公司增发后的股份数，确定每股价值。

（3）出具详细报告后，即可通过出售股份进行融资，既可以是公司员工，也可以是其他投资者，认购后需签订协议书、股权认购书等证明文件。

如果公司未来很有发展，可依照市值换算开放部分认购股份。但为避免失去公司控制权，最好规定在认购人出售公司股份（退出机制）时，需优先出售给指定的人员（如公司最大股东或公司现在的所有者）。

第七章

集雪资本杠杆定律

集雪资本运作的魅力来自百变的战略运用，不同的时段可应用不同的资本战略与战术组合，纵向横向均可以自由发挥。每个企业最终的目的就是上市，在国家政策不断支持企业挂牌、上市的同时，企业也不能忽略一个问题，即主板、创业板、新三板都是有数额限制的，随着资本市场的需求量不断提升，延伸出 E 板、Q 板、新四版、新五板等企业挂牌模式，未来还会有新六板、国际板、创新板。企业应根据不同程度的战略、战术来进行变换与转换，量身定制属于自己的集雪资本模型。

自 2015 年 9 月到 2017 年 3 月，在短短的一年半时间，全国 4300 多万家企业已成功挂牌 11024 家，仅新三板就已经突破 1 万家挂牌企业。这也表明国家推动企业上市、挂牌的目标已经完成了 4 万家以上的企业，那些还没有挂牌与上市的企业仍在累积着企业自身的各方面能量，等待机会参与资本运作，以期为企业带来名声和利益。

杠杆的利用是需要技巧的，如果从力学角度而言，精准度不高有可能将杠杆一折变形甚至断裂，因此必须配合企业现状量身定制属于自己的资本运作模式。资本运作模式并非只有一种，应通过评估再进行实际操作，绝对不可高估实力，更不可低估价值，如此一来才能有效地让企业快速进入资本运作的环境中。多数企业参与资本运作都是初学者，又称为"资本入门"，此时的企业在资本运作中处于懵懵懂懂的阶段，最容易被无良投资人、无良机构忽悠而上当，一旦运作失误，可能会让企业陷入资金与财务杠杆的迷失中，在此希望企业谨慎选择专业机构。

企业的管理是水，企业体质是空气。集雪杠杆就是水汽饱和与空气凝结核的结合体，结合的成果将决定每个阶段的降雪量，然而降雪量的大小将会直接影响下一阶段企业的发展速度与目标。不论企业的基础如何，规模如何，或从哪个阶段进入集雪期，最终的目标就是希望能顺利发展到"集雪量动释放"，也就是所谓的挂牌、上市。因此，在集雪量动释放之前，集雪杠杆的基础概念就变得非常重要。

多数已经挂牌的企业可能会有这样的体会：挂牌前等待的心悬在半空中，挂牌后期待的钱悬在半空中。虽然资本市场的资金流通非常大，但就是落不到你身上，你的期待换来的却只是时间的消磨与流逝，眼睁睁看着已经挂牌的企业运营不见落实、营运不见提升、战略出现彷徨与失真。这种状况在新四板、E板、Q板里更是屡见不鲜，项目不被看好、市场不被看好、利润不被看好，只空有一个股票代码与些许的名气提升，因此许多挂牌企业在艰苦的经营中等待不到预期的资金，在各方面不见提升的状况下选择默默地退场，这就是资本运作的现实面。

一、资本要增值先撬动股权的设计

不论是孵化型、草创型还是成长发展型的企业，股权都是最原始的资本根源，同时也是企业在未来价值的最大体现。股权设计对企业而言是一门非常重要的学问。股权结构是影响未来企业体质、企业管理发展的一大主因，甚至连带影响到挂牌、上市后企业增值的效益目的。

未挂牌与上市的企业，股权结构的设计成功与否将影响企业的股东权益、企业的后期增值、企业的人才走向、投资人的意向等。股东不是多就好，股权不是均分就好，更绝非一口喊定的冲动行为。许多拥有大量资金的投资方并不青睐股东群人数众多的项目与企业，甚至有些投资方会规避股权凌乱与划分不清的股权结构。

股权结构设计的目的是撬动股权价值收益的更大涨幅空间与调配空间，为各方争取最大的量能、动能、值能。因此，股权结构的设计是企业后期发展的命脉，也是企业未来溢价成败的主因之一。

二、资本要运作先撬动投资方的青睐

投资方为什么要将资金投向你？原因很简单，就是希望借由你的项目或企业从中谋取利益，讲直白点就是：立马分红！这是短线操作型的投资方所喜好的。当然，投资方也有多数是长线操作型、细水长流型的。但总体而言，能在短时间内让投资方对你的项目或企业进行投资取决于三个要素：团队、市场、技术。

然而这三个要素必须经过管理来建立完整的架构，如果能再加上好的商业模式以及财务基础，那么投资方更能安心地将资金交给你。因此，资本运作的前提是必须先撬动投资方对你的青睐，因为资金是资本运作的最基本要素。

虽然投资方有很多，但是一旦项目或企业出现以下状况，投资方会连看你一眼的想法都没有的。①没有完整的商业计划；②没有市场想象空间；③没有核心竞争力；④创始人不和睦，股权安排不合理，容易造成分裂；⑤创始人盲目乐观或封闭；⑥孵化期依赖资源过多；⑦为创业而创业，为风口而风口；⑧不专注。

坏男人处处留情，这是就感情上的角度而言。近几年，资本运作的迅速发展已经让多数投资人喜欢当个坏男人般地"处处留股"。并非每一位投资人或投资方都只是青睐明星项目或明星产业，产业的均衡发展仍是投资方会有的考虑。

三、资本要入门先撬动证券公司的信任

具备了资金这个基本要素，并不代表已经成功跨入资本运作的门槛，挂牌或上市还必须依照相关规定得到证券公司、会计师事务所、律师事务所、资产评估机构的一系列严格审查。证券公司是带领企业实体实现挂牌、上市的启蒙老师，倘若连启蒙老师的审查门槛都跨越不了，又如何能通过严格的证券交易所与证监会的审查。

挂牌、上市并非想象得那么容易，虽然国家大力支持资本运作，但相对的各项相关审查规定也更加严格。在众多板块的资本交易市场中面临着很现实的状况，那就是：什么人玩什么鸟。企业体质会直接影响证券公司承接该项目与企业申请挂牌或上市的邀约意愿，同时也会影响到该项目或企业适合申请哪一个板块的挂牌与上市，项目与企业更会因为板块的不同定向而决定未来的发展速度与规模。

因此，证券公司这位启蒙老师对于项目或企业的重要性可想而知，想要撬动证券公司的信任，必须先把营业额、净利润的基础做好。而企业体质、管理成果也会决定企业跟随启蒙老师迈向哪个板块的"资本入门"。

四、资本要流通先撬动产品的销量

营业额、净利润是通过营运管理、运营管理来达到目标，开源与节流是目前绝大多数企业非常重视的管理工作，但并非每个企业都懂得营销管理，大多数企业只理解了销售的精神，却忽略了销售只是营销管理中的一部分。

节流同样是多数企业表面上做得很振奋，实质上却在无形中造成了更大的耗损，如内耗。

同业间的价格竞争、同业差异化小、替代商品的竞争、质量的不稳定、代理商的不忠、客户的多重选择、渠道模式的转变、供过于求等都是导致销售业绩衰退的原因。然而已上市的企业经得住市场的消磨，因为有雄厚的资金力量支撑着。挂牌企业与未挂牌企业同样面临着销售行为，同时也面临着争取营业额与净利润的问题，企业开源的成败就需要靠营运管理来改善与获得解决。

人事成本的提高、原材料的抬价、物流费用的增加、各项财务管制、成本管制等烦琐的管理同样都出现在已上市或已挂牌、未挂牌的企业里。企业节流的成败需要靠运营管理来改善与获得解决。微利时代的到来是绝大多数企业所面临的最大困境，但是有许多做好营运管理、运营管理的企业保持了稳定业绩收益甚至是持续攀升。

上述问题都是企业自身该解决的事，投资方所想看的、想听的不是你的抱怨，而最想知道的是你具备哪些超越同业的能力，具备哪些收益的能力，产品的竞争力、价格的竞争力、渠道的竞争力最终会决定产品的销量。产品的销量会直接影响市场的地位，品牌的地位。也撬动企业的营业额与净利润数据，决定内外部资本的流通性。当然，天使投资人以外的投资方在考察投资项目时，营业额与净利润也是决定投资与否的考虑因素之一。

五、资本要扩张先撬动大众的信任

商业之间需要盟友，更需要亲朋好友的支持，在未撬动大量资金之前，所能支持你的人就是你的商业盟友与亲朋好友。当然这种概念的推行会牵扯到穷人思维与富人思维，穷人思维是等我成功了再告知盟友、亲朋好友共同来参与，富人思维是先让盟友、亲朋好友共同来参与，然后大家一起成功。两者运作下所产生的时间、资源、资金的变量差异，会造成截然不同的结果。

近几年流行的众筹、股权众筹就是这种互助的概念，筹的是团队、资源、资金，多数的天使人、基金、风险投资在选择项目与企业时已经将首期的众筹作为投资考虑的要素之一。

项目或企业不赚钱是有绝对的原因存在，如疏于体质健全、疏于管理落地都是不赚钱的主要因素。光靠讲故事是无法获得大家的信任的，毕竟大家都不是傻瓜，A 轮看人品、B 轮看产品、C 轮看数据、D 轮看营收、上市看利润。如果连人品（企业名誉）都不被看好，又如何获得大众的信任甚至让项目或企业发展壮大呢？

一个成功的项目与企业，不仅在产品上必须获得多数使用者的支持，而且需要大众对项目与企业的认同，倘若连使用者都愿意投资你，那么还担心项目与企业不会发展吗？信息透明化的今天对企业而言已不再有太多的秘密了，供货商、员工、媒体都可能将企业的状况公开，在这样的环境之下，企业若能得到使用者、盟友、亲朋好友的信赖与支持，这是多么荣耀的一大喜事。

六、资本要延伸先撬动品牌的价值

品牌权益可以称为企业的"品牌资本"，品牌资本是企业的无形资产，更是企业从市场上获取超额利润的能力体现。品牌资本价值就是在不完全竞争市场上依靠具有竞争优势的差异价值所带来的超额利润。品牌资本的运作要素包括：①品牌知晓；②品牌美誉；③品牌忠诚；④品牌联想；⑤品牌依赖；⑥其他专有品牌资产。

在品牌资本的运作过程中，企业必须厘清一个概念，即品牌运作是一个工程，而不是一个流程。多数企业在运作时期只重视宣传，却忽略了宣传只是品牌工程中的一小部分，例如，要盖一座大楼，大楼盖好后要装玻璃、要装线路、要装管道等，这类烦琐的事综合起来才能完成盖大楼的工程，而宣传就只是装个线路般的项目而已。

品牌能衍生资本（价值），最重要的是品牌的无限延伸，这才是品牌资本的精神与实质价值性。品牌的价值有多种评估方法，如英特品牌价值评估法、资产评估所评估法、收益现值法、市场价格法、重置成本法等。品牌资本可使企业创造更大的市值估算及获利。国内外有许多知名品牌企业在资本运作中，就是借由品牌资本撬动更大的资本规模，不仅倍增了市值，而且占领了有效市场，获得了超额利润，这正是品牌资本的延伸魅力。

七、资本要顺畅先撬动同业上市公司的指导

企业进行资本运作时不仅需要各方专业指导，同时企业自身也需要具备"慧根"，倘若没有"慧根"，那就必须先学习"会跟"。从创始后的股权架构设计开始，因应董事会、股东会各种不同的发展策略，企业的股权将会产生各种变化与分配。启蒙老师带领进入任何的板块中，就已经开始进行各种不同的资本运作。然而，不同板块的挂牌或上市存在着在线交易与线下交易的区分模式，一是股票交易，二是股权交易。

无论是上市企业或者挂牌企业，都在进行着资本运作交易，学习上市企业成功的资本运作模式可以让你少走许多弯路、少花许多冤枉钱。当然在运作过程中随时可能遇到瓶颈，因此接受关键的操作指导是绝对有必要的。上市企业在股权资本运作时会有以下几种模式：①吸收合并；②股权回购；③增发新股；④成立项目公司，间接控股上市公司；⑤股权套作；⑥发行可

转换公司债券。

　　无论应用哪一种模式，都是复杂且精细的过程。虽然有些模式挂牌企业不能合法操作，但多数模式连未挂牌企业也可以合法操作。因此，资本运作的顺畅性是上市企业可以为您指导的，只要你的企业能获得上市企业的协助指导，你的企业在进行资本运作时将如虎添翼。

　　另外，绝大多数的上市企业均设有研究院、企业大学等。若能接受这些行业的高端训练，企业在管理上绝对能更上一层楼，无形中将会让你的企业在体质、管理方面突飞猛进，从而让你的企业为迈向更高端的资本运作奠定各方面的基础。

八、资本要永续先撬动政府的支持

　　我国资本市场的基础性制度建设取得了突破性进展和实质性成效，资本市场正发生转折性变化，迎来跨越式发展的新时代。资本市场的新政策、新变化为中小企业改制上市创造了良好氛围，目前是资本市场发展历史上最好的时期，也是积极推动企业改制上市的最佳时机。

　　中小企业改制上市是一项系统工程，需要工商、税务、土地等超过 15 个部门出具证明或审批，离不开各级政府的大力支持与推动。为帮助企业把握资本市场新机遇，协调解决改制上市中的实际问题，充分发挥资本市场服务于地方经济的功能，促进地方经济持续快速、协调健康发展，各地政府根据地方实际情况，纷纷出台了推动中小企业改制上市的有关措施。

　　各地政府为支持改制上市还制定了许多奖励政策：①税收优惠或返还、财政补助政策；②上市奖励政策；③土地优惠政策；④降低上市成本；⑤其他配套措施。

　　虽然国家大力支持资本市场的发展，但企业别心存侥幸想滥竽充数。政府是管理单位，企业是生产单位，企业可以提高一个地方的 GDP，为当地提供税收和就业岗位。企业参与改制上市需具备绝对的基础条件，为政府创造和增加地方税收更是责无旁贷。因此，资本市场运作前必须先撬动当地政府对企业的认同与信赖，如此才能获得当地政府更大力度的支持与举荐，同时为企业在资本市场运作奠定有形与无形的强大支撑。

九、资本要外资先撬动国际性合作

外资是一个较为模糊的概念，一般在三种意义上使用：一是将外资理解为国外资本、国外货币或国外资金；二是指外国投资，即属于国际投资的一种行为；三是指外国投资者，通常将外国投资者称为外资。

目前，国内仍保持全球第一货物贸易大国地位，各产业的发展规模及获利性日渐攀升，加上国际货币的涨幅都可能带来外资对于国内项目及企业的青睐，多国均有私募基金在国内寻找项目与企业进行各种模式的投资合作。

早在 2004 年中，国内可供投资的资本与可利用的投资机会之间存在着前所未有的缺口。国际资本市场上有大量资本对中国有投资意向，但当时可以投入我国境内的金融资产，不管是可流通的上市证券还是私募股权都不多。经过十几年的发展，在国内市场稳定发展的情况下，多数外资的进入和退出都成为正常的市场行为。

目前，国内市场产业配套完善，企业技术、人力素质、互联网普及、新技能等各项优势不断提升，总体经营成本相对降低，因此，国内在吸收外资方面具有长期性和综合性的绝对优势，这也将使更多国外企业大幅提升对中国进行投资的信心。

另外，国内多家知名品牌在国际上大放异彩，也使得国内的品牌知名度与产品稳定性获得国外各界的认同与好评。以往国外企业对于国内企业的月晕状态渐渐随着国内企业的快速成长而逐渐消失，这是国内企业吸引资金合作、技术合作的大好时机。

信息爆炸时代，在全球电子报刊、新闻媒体、各大型国内外展会的迅速公开与传播之下，国外的企业更加知悉国内的企业品牌，更能聚焦与理解企业的各项优势，同时加速凸显了国内战略性新兴产业的发展能力，而国外企业正用实际行动表示对国内转型升级的认同。根据 2016 年 1~9 月统计，全国新设立的外商投资企业有 21292 家，实际使用外资金额有 6090.3 亿元人民币。

外资参与国内的资本市场是国内资本市场上的助力，但是不要忽略了外资筛选投资项目与企业的标准将比国内的投资人更挑剔。因此，企业要想获得外资的青睐必须先撬动在国际间的合作，这样才能获得更大的信任度与认同度。

在我国以外的投资也可称为外资，因此国外的企业也相当期盼国内企业到该国进行投资。中国已然成为世界大国，强大的外汇储备是其他经济强国所诚惶诚恐的，加上全球经济不景气、贸易顺逆差、TPP、亚投行等种种环境与因素的发展，未来促使国内资本外流形成对外投资的概率将增大，全球性的跨国交叉投资概率将逐渐提高，这是国内企业在推动资本运作时的另一条可选之路。

第八章

品牌资本与资产

品牌资产是 20 世纪 80 年代在营销研究和实践领域新出现的一个重要概念。20 世纪 90 年代以后，特别是 Aaker 的著作 *Managing Brand Equity：Capitalizing on the Value of a Brand Name* 于 1991 年出版之后，品牌资产就成为营销研究的热点问题。品牌资产是企业保持长久盈利的战略性资源，如何建立企业的强势品牌是中国企业面临的重大挑战。

品牌资产是与品牌、品牌名称和标志相联系，能够增加或减少企业所销售产品或服务的价值的一系列资产与负债。它主要包括五个方面，即品牌忠诚度、品牌认知度、品牌感知质量、品牌联想以及其他专有资产，即无形资产，包括商标、专利、渠道关系等，这些资产通过多种方式向消费者和企业提供价值。创造品牌的价值是企业最大的无形、有形价值，其获利性可能剧增千百倍。因此，品牌管理在资本运作中是绝对不容忽视的重要事项。

一、品牌价值基础衡量

随着我国社会主义市场经济的改革和发展，专利权、商标权、著作权等无形资产转为资本的经济活动越来越显示出重要性。品牌价值的合理评估及其内涵价值的开发利用，已日益成为我国工商企业界关注和研究的重要领域。

品牌价值评定可通过简单的方式进行初期自我评估，以作为日后调整品牌架构的参考。表 8-1 为品牌价值基础衡量指标。

表 8-1　品牌价值基础衡量指标

衡量构面	衡量指标	衡量方式	评分				
			5	4	3	2	1
品牌忠诚度	价格溢酬	顾客对不同特性的产品所愿意支付的金额					
	满意度及忠诚度	顾客满意度是否提升下次购买的意愿					
知觉质量及领导力	知觉品质	顾客认定你的质量是属于高、中或低					
	领导地位	顾客认定你的品牌是领导或非领导品牌					
品牌联想及差异化	知觉价值	顾客认为没有理由不购买你的商品					
	品牌个性	顾客认为你的品牌具备独有的个性，并保有忠实的顾客群体					
	企业联想	顾客只要购买你的商品就会想起你的公司，并加以宣传					
品牌知名度	品牌知名度	顾客可清楚地回忆此品牌名称与质量					
市场行为	市场占有率	顾客了解该品牌商品的市场占有率					
	价格与通路覆盖	价格与产品是否符合顾客所认定的市价，通路数与商品销售数是否达成平衡					
合计							

注：本表仅适用于自我品牌价值基础检测，实际品牌价值建议由专业评估机构认定。品牌价值基础衡量评分标准：总分 50 分，40~50 分为优，30~40 分为中等，30 分以下为劣。

资料来源：叶铠嘉，品牌运用与价值（2005）。

二、专利权专属资产

企业专利权是企业的一种十分重要的无形资产，也是企业知识产权的重要组成部分。在企业经营中，它相比有形资产可以带来更大的价值。

（一）专利权概念

专利权简称专利，是国家依据专利法的规定对发明创造人或发明创造所有人授予的在一定期限内对发明创造所享有的独占权利。专利权的主体是拥有发明创造所有权的单位或者个人，简称专利权人。专利权人拥有的权利包括独占实施权、转让权、标记权以及放弃权。按照现行专利法的规定，专利权的客体是指授予专利权的对象，包括发明、实用新型和外观设计。发明是利用自然规律对技术问题提出的新的解决方案，包括产品发明、方法发明和改进发明等，发明专利权是对发明所授予的专利。实用新型是针对产品形状、构造或者其结合所提出的技术水准较低的使用技术解决方案，实用新型又叫小专利、小发明，实用新型专利是对实用新型授予的专利权。外观设计是对产品的外形、图案、色彩或者其结合所做出的富有美感并适宜的新设计，外观设计专利权是对产品的外观设计授予的专利。

（二）专利权的特征

专利权作为技术性资产的一种，具有如下特征：

1. 独占性

独占性也称专有性或排他性，专利权人拥有专利的独占实施权，任何人不经允许不可使用专利，否则会构成侵权行为，轻者要赔偿权利人所遭受的损失，重者要追究刑事责任。

2. 地域性

专利权发挥效力要受地域限制，各国专利法授予的专利权只在该国领域内具有效力，要想在其他国家受到保护，还要在这些国家提出申请，获得批准后，才能在有关国家受到法律保护。在没有实行专利权的国家，就不能对专利权加以保护。没有参加知识产权保护国际公约的国家的公民，只在本国享有专利保护。

3. 时间性

专利保护受到时间的限制，各国专利法都规定了法律保护期限，在法律保护期内，专利权人的权利受到保护。保护期届满后，专利权就成为全社会共享的公共财产。专利权的有效期限为 10～20 年。我国法律规定的保护期限为：发明专利 20 年，实用新型专利和外观设计专利 10 年，三者都自申请日起计算。

4. 可转让性

专利权可以转让，专利权一旦被转让，原发明者不再拥有专利权，专利权由购入者享有。

（三）专利权的作用

专利权在经济日益发展的过程中越来越具有重大的作用。一是它有利于企业打开市场。在这个知识爆炸的时代，科学技术的创新速度越来越快，周期越来越短，谁拥有了专利权，谁就在激烈的市场竞争中拥有了主动权。二是它有利于企业权利的保护。任何一种新产品或新技术，只要获得专利权就能得到法律的保护。三是它有利于企业创造财富。一个企业拥有专利权的多少代表了它的技术研发能力，但要使企业创造经济效益，关键是看其专利转化率或实施率。

（四）专利权种类

专利权的种类比较多，各国也不尽相同。按照不同的标准划分，有不同的种类。按专利权的技术特性划分，可以分为发明专利权、实用新型专利权、外观设计专利权和植物专利权；根据专利权的实施情况划分，可以分为独立专利权、从属专利权；根据专利权的批准情况划分，可以分为追加专利权、再颁专利权、输入专利权；根据专利权的来源渠道划分，可以分为自行开发的专利权、从外部购进的专利权和投资者投入的专利权等。

（五）专利资产价值评估的目的、对象和主体

专利资产评估是指注册资产评估师依据相关法律法规和资产评估准则，对专利资产的价值进行分析、估算并发表专业意见的行为和过程。专利权是

企业的一种十分重要的无形资产，也是企业知识产权的重要组成部分，在企业经营中可以为企业带来更大的收益，是有价值的。建立专利权价值评估制度，有利于促进企业专利技术资本化，有利于促进专利技术流通与交换，有利于促进企业对专利权的利用。

就性质而言，专利资产是一种典型的无形资产。企业对无形资产的价值核算类似于对折旧资产或者自然资源的价值核算。无形资产包括企业拥有的专利、商标、版权、商号、特许经营许可、商誉和其他没有物理的形态，但是能够为企业带来长期收益的非货币性资产。无形资产能够从企业中分离或者划分出来，并能够单独或者与相关合同、资产或负债一起，用于出售、转移、授予许可、租赁或者交换。

无形资产的成本系统地分担在该资产的有用生命或者法定生命的过程中，一般以较短的为准。专利资产的价值和专利权利的状态有着直接的联系。那些已失效的专利，由于已不受专利法的保护，因而不能作为专利资产进行价值核算。就有效专利而言，对于原始取得的专利，其成本是在其有效维持的年限内系统地分担。对于继受取得的专利，其成本就是购买该专利的价格。专利带来的收益来自专利所有权和专利使用权两部分。专利资产的获得除受专利法保护和制约外，还受到合同的约束和技术进步的影响，尤其是涉及专利使用权的专利权益会受到许可协议的约束。

不同的专利资产具有不同的价值。专利资产的价值在很大程度上取决于专利权人怎样使用该专利。通常而言，专利的价值大小取决于以下技术性因素：替代性、先进性、创新性、成熟度、实用性、防御性、垄断性。

专利资产的这些特征，为其价值评估带来了一定的难度。第一，专利资产作为无形资产，只能从观念上感觉，建立在人们心理活动和心理状态的基础上，表现为心目中的形象，或以特权形式表现为社会关系范畴；第二，随科技发展而更新换代，加上专利在法律上的期限限制，未来收益很难预测；第三，专利具有创造性，因此其价值也是单一的，无市场价格作为参照；第四，专利资产作为一种对物产权，往往对特定企业才有意义，转让变现能力差；第五，影响专利资产未来收益的因素具有多元性，使价格与价值背离，估价非常困难；第六，价值量除应包括实际消耗成本外，还需考虑机会成本，但机会成本往往模糊而难以确定。

在衡量专利资产的价值时，不仅要考虑到专利权的状态和上述的技术性因素，还要考虑到受专利保护的技术本身的价值，以及权利人的公司规模和使用专利配套资产的能力，如公司将专利技术商业化的能力。在很多情况下，专利的价值并不是独立体现的；相反，作为一个专利集群的专利产品，可能在更加宏观的层面上全面体现专利的价值。

1. 评估目的

一般而言，对于专利资产的价值进行评估的原因是多方面的，既可能来源于公司的内部，也可能是由外部的原因诱发的。

同时，根据国家国有资产管理局和中国专利局于 1996 年联合发布的《关于加强专利资产评估管理工作若干问题的通知》，国有专利资产占有单位有下列情形之一的，应当依法进行专利资产的评估：

（1）转让专利申请权、专利权的。

（2）国有企业和事业单位作为法人在变更或终止前需要对专利资产作价的。

（3）以国有专利资产与外国公司、企业、其他经济组织或个人合资、合作实施的，或者许可外国公司、企业、其他经济组织或个人合资、合作实施的。

（4）以专利资产作价出资成立有限责任公司或股份有限公司的。

（5）需要进行专利资产评估的其他情形。

（6）非国有专利资产因作价出资、转让等情形需要进行评估的，其所有人或有利害关系的当事人应当委托具有资产评估资格的评估机构对有关专利资产进行评估。

2. 评估对象

如上所述，专利带来的收益来自专利所有权和专利使用权两部分。因此，对于专利资产的价值评估也主要从所有权和使用权两个方面考察。专利所有权包含专利申请权。同一专利资产所有权与使用权的价值是有差异的。另外，同是使用权，由于许可程度和范围不同，其价值也有所不同。

明确专利资产的基本状况是进行专利资产评估的前提。根据《专利资产评估指导意见》，执行专利资产评估业务应当要求委托方明确专利资产的基本状况。专利资产的基本状况通常包括：

（1）专利名称。

（2）专利类别。

（3）专利申请的国别或者地区。

（4）专利申请号或者专利号。

（5）专利的法律状态。

（6）专利申请日。

（7）专利授权日。

（8）专利权利要求书所记载的权利要求。

（9）专利使用权利。

有几点需要特别说明：

第一，专利的法律状态。这包括一些专利申请时常见的著录项目，如所有权人（在申请阶段为专利申请人，授权后为专利权人）及其变更情况、专利所处的专利审批阶段、年费缴纳情况、专利权的终止、专利权的恢复、专利权的质押，以及是否涉及法律诉讼或者处于复审、宣告无效状态。

第二，专利权利要求书所记载的权利要求。发明或实用新型专利的保护范围以其权利要求的内容为准，说明书及附图可以用于解释权利要求，在执行专利资产评估业务时，应当综合考虑下列事项及其对专利资产价值的影响：专利权利要求书、专利说明书及其附图的内容；专利权利要求书所记载的专利技术产品与其实施企业所生产产品的对应。

第三，专利使用权利。评估对象为专利所有权的，应当关注专利权是否已许可他人使用及使用权的具体形式；评估对象为专利使用权的，应当明确专利使用权的具体形式。根据许可协议不同的排他程度，专利使用权可以分为独占许可、独家许可、普通许可和其他许可形式。

专利资产的价值不是孤立的。要明确一项产品包含多项专利资产中的单项专利资产，可以进行单项专利资产评估，同时要考虑该单项专利资产在多项专利资产组合中的重要性，从而进一步确定单项专利资产的价值。

3. 评估主体

专利资产评估可由专利资产专职评估机构或综合评估机构进行。从事专利资产评估业务的机构，必须按照国务院《国有资产评估管理办法》及国家国有资产管理局有关规定，取得资产评估资格，并依法在工商行政管理部门注册登记，成为自主经营、自负盈亏、照章纳税、独立承担法律责任的法人。

（六）企业专利权评估方法简析

到目前为止，企业专利权评估没有统一适用的方法，仍然是沿用现行无形资产评估的基本方法，即成本法、现行市价法、收益法等。这些方法操作性较强，但不能简单套用，而应结合专利的具体情况加以运用。下面就对这几种方法在企业专利权评估方面的运用进行探讨。

1. 成本法

成本法是用重复专利开发过程中的投入作为重置成本，再减去该专利的损耗与贬值以此确定专利价值的方法。用成本法评估企业专利权价值，一般是用重置成本法，而根据重置成本的确定依据不同，又分为复原重置成本法及重新重置成本法。前者是以被评估资产原来的设计、技术条件、用料、生产工艺和流通条件为依据，用现行市价重新购置和研制与待评资产相同的全新专利资产所需的全部成本作为复原重置成本的评估值。后者是以现行新的设计、技术条件、用料、生产工艺和流通条件为依据，用现行市价重新购置和研制与评估资产功能相同的全新资产所需的全部成本作为更新重置成本，从中扣除有形损耗和无形损耗，求得重置成本净值，作为评估资产更新重置成本的评估值。

重置成本法主要用于企业已使用专利成本费用摊销，即作为财务处理上成本摊销的补偿，基本上涉及专利的权属和包容的技术，国家会计准则有明确的处理规定。用重置成本法评估的企业专利权价值也可以作为专利投资底价的参考依据。当企业专利的预期收益难以确定，又没有明显的证据证明预期收益的本金化价格将大大偏离重置成本时，专利权价值作为投资底价参考依据是比较合适的。

2. 现行市价法

现行市价法也称为市场价格比较法，是通过比较被评估专利资产与最近市场交易类似专利的异同，将类似专利的市场价格进行调整，确定被评估专利价值的一种方法。运用该方法进行专利资产评估时，应当收集足够的可比交易案例。在分析交易案例的可比性时，应当考虑交易资产的特点、交易时间、限制条件、交易双方的关系、购买方现有条件、专利资产的获利能力、竞争能力、技术水准、成熟程度、剩余法定保护年限及剩余经济寿命、风险程度、转让或者使用情况、实施专利资产是否涉及其他专利资产等因素。在进行专利资产评估时，应当对专利资产与可比交易案例之间的各种差异因素进行分析、比较和调整。

3. 收益法

收益法是通过估算专利资产在未来期间的预期收益，选择使用一定的折现率，将未来收益一一折成评估基准日的现值，用各期未来收益现值累加之和作为评估对象重估价值的一种方法。其适用条件是：评估对象使用时间较长且具有连续性，能在未来相当长的期限内取得一定收益；评估对象的未来收益和评估对象的所有者所承担的风险能用货币来衡量。在收益法中，主要参数是收益额、折现率和收益期。

企业专利技术评估主要应解决两方面的问题：

（1）考虑哪些因素对评估存在影响，这种影响的程度有多大。

（2）采用何种量化计算的方法。在评估企业专利权价值时，除应首先弄清评估的目的、该专利保护期限、该专利适用的条件、该专利的特点和基本情况外，还应着重分析、考虑以下因素：

第一，该专利的先进度和成熟程度。一般地说，专利技术越先进、越成熟，其使用寿命就越长，获利能力就越强，该专利权价值也就越大。在评估企业专利权时，应当了解该专利是属于高精技术还是一般技术，以及应用该专利的难易程度和所需的费用。自然，了解该专利是属于发明专利、实用新型专利还是外观设计专利也是必要的，因为发明专利比实用新型专利的技术先进度要高，而外观设计专利不涉及技术内容。

第二，该专利的现时法律状况。专利权是一种法定权利。为确保专利权的质量，维护公众利益，我国专利法规定了无效宣告程序，并且规定了一定的保护期。专利权如果经历过无效宣告程序并被维持下来，则该专利效力的可靠性能就高，比在同等条件下评出的专利价值可能要高一些。如果在评估时企业专利权正经历撤销程序或无效宣告程序且尚未定案，或者该专利权正陷入一场侵权诉讼之中，那么，比通常情况下评估出来的专利权价值要打些折扣。

第三，该专利是基础专利还是从属专利。从属专利是一种比在前专利（基础专利）在技术上先进，但其实施又有赖于在前专利的专利。如果是从属专利，那么企业的该专利受制于基础专利，评估价格过高会对自己十分不利。

第四，该专利权利要求的内容。权利要求是确定专利保护范围的法律依据。如果权利要求宽泛，那么专利保护范围就比较大，这对提高专利评估价值有积极作用。

第五，该专利剩余的有效期及经济寿命。与商标评估相比，这一因素重要得多。随着专利有效期的缩短，专利权价值可能逐渐降低，而到专利权有效期届满时，专利权价值等于零。据资料统计，目前发达国家的专利能够维持到期限届满之时的一般只有专利总额的 **2%**，即绝大部分专利在专利权期限届满之前即提前终止。了解专利的剩余有效期当然是有意义的，举例而言，某项专利剩余有效期仅有一年，那么无论使用怎样权威的评估手段和怎样严谨的评估公式，该专利权价值不会超过这最后一年的预期利润。

专利经济寿命同样是应考虑的一个重要概念。专利并非在整个保护期内都具有市场价值、获利能力。专利具有一定的经济寿命周期，而且，专利所处寿命周期的时段不同，其价值也不同。对大多数发明专利来说，专利的价值从某个比较小的值开始，随时间逐渐上升，在专利权 3~5 年的某一点达到极大值，而实用新型专利和外观设计专利的经济寿命更短。在评估企业专利时，应分析该专利带来经济收益的可能性，了解在相同市场上是否有先进的替代技术或产品的出现以及出现的时间、竞争者取得类似工艺技术的可能性等，这对于确定专利的经济寿命周期有比较重要的意义。

第六，运用该专利给企业带来的预期经济收益，包括可能获得的最高利润与最低利润。可以分析市场与行业情况，确定专利技术商品化的市场容量、适用范围、应用状况，其对现有技术的改进程度、同类产品产量、价格、行业市场利润等因素，确定有关的专利市场及给企业带来的利润状况。

（七）资产评估中专利资产的特性

1. 法律特性

专利资产的法律特性集中体现在独占性、地域性、时间性和可转让性四个方面。独占性即专利权人拥有独占实施权，任何人不经允许不可使用专利，否则会构成侵权行为。专利权发挥效力要受地域限制，各国专利法授予的专利权只在该国领域内具有效力，要想在其他国家受到保护，还要在这些国家提出申请，获得批准后，才能在有关国家受到法律保护。在没有实行专利权的国家，就不能对专利权加以保护。没有参加知识产权保护国际公约的国家的公民，只在本国享有专利保护。各国专利法都规定了法律保护期限，一般是 10~20 年，保护期届满后，专利权就成为全社会共享的公共财产。

我国法律规定的保护期限为：发明专利 20 年，实用新型专利和外观设计专利为 10 年。由于技术更新周期越来越短，专利资产价值不断贬值，导致其垄断的脆弱性，资产的时效性在评估中的影响十分巨大。此外，专利资产还具有可转让性，一旦被转让，原发明者不再拥有专利权，专利权由购入者继承，这也是专利权能够成为专利资产的一个重要标志。

2. 技术的独创性

以专利技术形式出现的新技术和新方法，大都是同类技术领域中的领先技术，往往能够预测技术领域的未来发展趋势，技术发展到一定的阶段也会逐渐造就新的专利技术。同时，技术的创新并不是在已经定型的技术基础上进行重复性的劳动，而是对原有技术的创新性突破，专利技术的成果可以有效地提高生产效率、产品性能和质量，可以节约能源和保护环境，还可以唤起全社会对新产品和新技术的整体需求，由此而引发整个社会的技术革命。因此，技术的独创性在资产评估中的最大意义在于通过提高产品的性价比而提高收益率，同时提高竞争者的竞争成本。

3. 未来收益的预期性

技术资产的最大特性是能够给经济主体带来未来经济收益。专利资产由于其独占性与高技术性，也保证了其高收益的可能性。因此，专利资产的资产价值并不是表现为一种现实的价值，而是通过对专利技术的资金投入和管理而产生未来收益的一种可能的价值。专利资产所拥有的获得利益的能力是可预期的，也是不确定的。能否取得未来收益，取决于专利技术的有效利用程度。

4. 技术创新性

一项专利权如果仅仅提供一个技术构思、验证，或者一个技术成果的样品，则不能够直接地产生经济收益，因而也就不具有资产价值。只有经过技术创新的阶段，才能够真正产生经济效益。因此，专利技术的资产价值只有通过技术创新的过程才能够真正得以实现。而这个创新的过程又包含了生产要素的重组、新市场的开拓等重要环节，只有经过与创新过程的结合，专利权才真正拥有市场价值。

市场条件下，专利资产评估价值形成的特征包括：

（1）价值形成的渐进性。专利资产的价值形成往往需要研发方长期、连续不断地投资，从而经历从低到高逐步形成与发展的过程。在专利资产存在之后，通常还需要为其做进一步的投资，使其最终转化为专利资产价值的重要组成部分。因此，其价值由于技术阶段不同、运用阶段不同而具有渐进性。

（2）价值的不稳定性与复杂性。技术成熟程度、技术周期、市场前景、转让方式和转让次数等因素都会对专利资产价值产生影响。技术市场变化快、波动大的特点也使专利技术受到技术更新速度的影响，甚至在一年内就出现大幅度波动。因此，准确确定专利资产的价值非常困难，至今没有公认的、专用的评估模型与方法进行评估。

（3）价值与会计核算成本不成比例。我国现行的会计核算制度规定，技术资产研发过程中的成本计入当期费用，不单独核算进行资本化处理。对于研发前期失败所耗费的支出，会计上也不进行资本化处理。因此，作为技术资产重要组成部分的专利资产价值并不完全取决于会计核算成本，不能简单地采用成本标准来评估资产的价值。

综上所述，市场条件下专利资产的价值评估要充分考虑技术属性和资产属性及价值形成的特性对评估价值的影响，以有限理性主体和不完全信息为前提条件来确定专利资产的评估价值。

三、商标权专属资产

（一）商标的基本内涵

商标是商品或服务的标记，是商品生产者或经营者为了把自己的商品或服务区别于他人的同类商品或服务，在商品上或服务中使用的一种特殊标记。这种标记一般是由文字、图形、字母、数字、三维标志和颜色组成，以及上述要素的组合。

从经济学角度来看，商标的作用最终是能为企业带来超额收益。从法律角度来看，保护商标也就是保护企业获取超额收益的权利。商标作为一种区别商品出处的标志，虽然出现很早，但其数量急剧增加只是近 100 年的事。商标除了是区别标志以外，其作为无形资产也是有价值的。当你转让商标的时候，你需要给你的商标定一个价格；当你评估企业整体价值的时候，你需要把商标当作一个品牌来进行评估，其品牌价值不仅能提高企业的整体价值，还能提高企业的整体形象和市场认知度，从而可以让你的产品更畅销，获得超出同行业平均资金利润的收益；当你在投资的时候，你的商标究竟可以有多少作价入股，商标价值评估能给你确定一个合理的尺度。

经核准注册的商标，有下列情形之一的，除法律另有规定外，应当委托资产（商标）评估机构进行评估：①转让商标；②许可他人使用商标；③以商标权投资；④其他依法需要进行商标评估的。商标权的评估可以采用收益现值法，在市场条件具备的情况下，也可采用现行市价法。商标权价值不是由设计费、广告费及注册费等组成的，而主要是由商标所带来的收益决定的。

（二）商标权评估的意义

1. 有利于企业长远发展

在实际生活中，企业的股份制改造、合资、联营、兼并、拍卖、转让、资产抵押等大量活动，都需要对商标权进行评估。目前，我国仍有企业对商标权评估的作用不了解。事实上，对商标进行评估，不仅有利于企业摸清自己的家底，而且还有利于企业确定未来的发展战略。

2. 有利于企业投资入股

商标权评估作价后，企业可以充分利用这一无形资产进行投资入股。对于出资方来讲，用商标权投资可以减少现金支出，以较少的现金投入获得较大的投资收益；可以扩大使用注册商标的商品或服务项目的生产经营规模，进一步提高商标信誉。对于接受商标权投资的企业来讲，商标权资本化可使其直接获得名牌商标的使用权，进而打开市场，扩大生产经营；接受商标权投资，也可促使企业严格依法使用注册商标，提高经营管理水平和商品或服务质量，增加产品品种，增强企业产品或服务的市场竞争力。

世界名牌企业向海外扩张，大体经历了产品输出、资本输出和品牌输出三个阶段。进行品牌输出，不必花费投资便可以获得巨额利润，同时又将其品牌即商标侵入他国消费者心中。国外一些名牌企业进入中国，几乎无一例外地采取合作手段，外商在中国开办合资企业，将中国名牌作价入股，然后搁置不用，推出自己的名牌商标。

3. 有利于企业维护其合法权益

商标权评估后，在商标的侵权诉讼和商标的行政保护中，有利于对假冒侵权行为造成的损失进行量化、认定赔偿额，不仅为商标权人打假维权提供了索赔依据，而且有利于维护企业的合法权益，提高其知名度。

4. 有利于企业申请质押贷款

企业要发展、壮大生产和经营规模，需要注入大量的资金。商标权评估后，可以凭法定评估机构的证书到银行申请商标权质押贷款。企业利用这些资金可以进一步提高产品质量，以满足消费者的需要。同时可以开展对外商品贸易和服务贸易，扩大国际经济技术交流与合作，增强我国产品的出口竞争能力。

（三）商标权评估的方法

在商标权评估中，经常使用的方法有三种：

1. 重置成本法

重置成本法，即在现有的技术和市场条件下，重新开发一个同样价值的商标所需的投入作为商标权评估价值的一种方法。它需要把商标权主体的有关广告宣传、售前售后服务附加值、有关的公益救济性捐赠等累加起来作为商标权的评估值。

这种评估商标权的方法值得研究。首先，企业在申请商标注册时所花费的各种费用，一般来讲，都已分摊到企业生产经营的成本中了。如果商标权评估时再一次计价，是否合适？其次，商标权是一种无形财产权，具有专有性和独占性，和一般的所有物不同，物品可以同时被不同的人所有，而根据商标法规定，不允许在相同和近似的商品或服务上使用相同和近似的商标。因此，对商标进行重置在理论上讲不通。

2. 收益现值法

收益现值法，即以特定商标在有效期内的预期收益作为商标权的评估值的一种方法。根据我国商标法的规定，注册商标的有效期为 10 年，期满可以续展，续展没有次数的限制。即商标权人只要遵守法律规定，可以永远拥有商标权。收益现值法的评估只在注册商标的有效期内进行，有一定的局限性，没有反映出该商标连续使用、注册的实际情况。

3. 市场比较法

市场比较法，即通过市场调查，选择一个或几个与被评估商标相同或相似的商标作为比较对象，分析比较对象的交易价格和交易条件，进行对比调查，估算出评估商标价值的方法。这种方法在实践中操作很困难，因为特定商标权的交易是不公开的，双方所成交的项目及条件常常不为他人所知，即使有些商标权的交易信息可以获知，但可比性出入很大。每个企业的规模、盈利、产品质量、经营管理水平、售后服务和广告宣传等存在很大的差异，因而无法做出科学、合理的资产对比和评估。

（四）影响商标评估价值的主要因素

1. 商标产品历史收益状况

2. 商标产品未来收益能力

3. 商标状况

商标状况必须详细了解它的影响力、所处市场的状况、竞争状况、过去表现、未来计划及风险程度等。具体来讲，包括以下七个影响因素：

（1）领导力，即影响行业市场的能力。如果某一商标为其所处市场龙头产品的商标，其价值就比其他普通商标更高。

（2）生存力，即商标的稳定性。历史悠久、消费者信任度高的商标，其价值较高。

（3）市场力，指商标的市场经济状况。食品、饮料的商标比高科技产业的商标取得的价值较高。

（4）辐射力，指商标超过地理文化边界的能力。符合国际惯例和口味的商标比某一区域和地区性商标的价值更大。

（5）趋势力，指商标对行业发展方向的导向及影响力。商标的长期发展趋势能够很好地反映其与消费者的联系和同步性。

（6）支持力，指能够获得投资及重点支持的商标其价值较大一些。

（7）保护力，指商标拥有者的合法权利，即注册商标的保护能力。商标受法律保护的深度及广度在评估商标时十分重要。

在评估商标过程中，要对企业定性、定量的资料加以充分整理、分析、测算，对企业进行综合考察。

（五）关于商标转化相关问题的探索

以商标权作为投资手段已引起人们的广泛关注，并成为企业总体战略的重要内容，因此，研究企业如何将自己的商标从无形资产转变为有形资产，并在转化过程中运用商标权资产投资策略，不仅可以扩大产品市场的份额，提升商标的价值，而且能取得商标使用的规模效应。

企业如何将自己的商标从无形资产转变为有形资产？商标要转化为资本需要哪些条件？在转化的过程中需要制定什么样的策略，实施什么样的步骤？以及商标转化为资本后又该如何进行投资，从而获得最大的收益？这些问题一直困扰着许多企业，因此探索并解决这些问题十分必要。

1. 商标转化为资本

商标权作为投资的基础是"商标资产"的形成。企业商标刚注册时，作为投资的意义不大，只有在它经过物化过程——与商品相结合后，才会转化成一种内含较高价值的无形资产。

从原始的意义来说，商标只是一种标志，并没有通常意义所说的实际价值，即使在注册后也不能立即形成价值含量较大的有形资产，而只能以储备资产的形式存在、以商标所有者拥有的权利形式存在，但是这种储备的资产一旦被企业利用、精心培植，它就会成为企业信誉、产品质量的象征，为企业带来特殊的经济利益，成为企业获得市场优势的一种重要的资本资源。

商标经过企业的长期使用和精心培植后，其资产存量价值就会变得越来越大，商标的含金量也就越来越高。换句话说，商标长期负载于特定种类的商品上，经过精心培植可以产生资产价值。此时商标的功能和作用已不局限于识别企业的商品或者服务，而是代表了一定的商品质量，负载着企业的商业信誉。商标上升为资产，其基础条件正是商标被创立出一定的信誉。这种信誉创立的前提是商标被赋予了一定的专有权，表现为企业通过生产和交换而取得的对商标的使用、支配的权利，由此可以看出，商标被创立出一定的信誉是商标权投资的重要条件，也是商标转化为资本的重要前提，有了这些前提，商标转化为资本就会水到渠成。

所以，商标虽然是一种无形资产，但它在长期的使用和宣传过程中会逐步形成自己的附加值，以至于最终可以形成自己的单独价值。商标的知名度越高，占有的市场越大，它的价值也就越大，并且这种价值可以运用科学的方法予以评估。正因为商标可以从无形资产转化为有形资产，可以进行定量的分析和评估，才为商标转化为资本提供了可能，并进一步为商标的资本化运作打下了坚实的基础。

2. 商标权资产投资的过程和途径

从投资学的角度来说，商标权投资包括商标权获取前的研究设计投资、商标权获取过程中的投资、商标权获取后的维护投资、商标权推广宣传投资以及商标权资本化投资。

（1）商标权研究设计和获取过程中的投资。主要指拥有商标权所经过的过程中的投资。根据企业的发展状况，可通过两种方式形成商标权：

一是企业创牌。企业要自行创建一个信誉良好的知名品牌是一个长期和渐进的过程，除了持续性投入和巨额预算外，还需要企业整体的规划，这些都需要专业人才的参与。商标是人们认识产品的一扇窗，一个新产品一旦有了一个新颖的商标，就意味着成功地和消费者打了一个照面，就会为下一步实现销售奠定基础。为此，很多企业不惜斥巨资投入商标的设计。而这个过程需要缴纳一定的商标注册费用（即申请投资）及今后可能发生的商标续展费用（即维护投资）。

二是通过购买或许可使用方式获得商标权。商标巨大的财富创造价值使其权利投资不可忽略。例如，美国香烟和食品业巨头 Phillip Morris（菲利普·莫里斯）公司购买了奶酪制造商卡夫公司的同名商标 Kraft 以及其他系列商标，其总价值为 129 亿美元，该成交价为卡夫公司有形资产的 4 倍。因此，好的商标展示出的魅力对投资者而言具有独特的吸引力。这一过程将产生商标权购买（或被许可）投资。

（2）商标权宣传推广投资。对于商标权自创人来说，商标权的投资还包括商标的宣传推广投资。商标权形成之后，要提高商标的市场认知度，必须投入大量的广告宣传费用。广告宣传与商标具有密不可分的联系。对企业而言，广告是一种经营成本，但由于广告在建立商标认知及随后的产品购买方面所起到的积极推动作用，使得它同时成为一种极具价值的投资行为。策划得当的广告宣传可以使商标深入人心，提升产品形象，刺激消费者的购买需求，引导消费者的消费行为，从而挖掘出市场的潜在需求，提高市场占有率。国内外驰名商标企业无不重视运用广告手段开拓市场，即通过商标树立企业形象后，再通过广告的形式为广大公众所知。可以说，商标和广告如同企业腾飞的两翼，两者缺一不可。

（3）商标权资本化投资。商标经过企业的长期使用和精心培育以后，终于从无形资产转化为资本，对于商标权所有人来说具备了投资的条件。企业商标权资产投资的途径主要有商标权的转让、商标权的使用许可、商标权的投资入股及商标权的抵押贷款。

第一，商标权的转让。商标权的转让是企业商标权资本化的一种重要方式，即进行商标的买卖。

无论是已经获得注册的商标还是在申请过程中的商标都是可以转让的。越是名牌商标，其内在的无形价值越大，对投资者具有的吸引力也就越大。通过商标权的转让，可以盘活一些闲置商标。我国《商标法》规定，注册商标的有效期为 10 年。这意味着商标注册成功后的 10 年内一直有效，即使该企业因破产或其他原因不用，他人也无法使用。闲置的商标中不乏有创意、有价值的注册商标。据统计，在全国 20 多万个服装商标中，实际在用的不到一半。另外，一个企业可能同时拥有多个商标，如西门子公司的商标总数就有上万个，有的闲置商标对商标权人来说也许是多余的或是不需要的，但仍有一定的市场影响力，这样就可以通过转让闲置商标给企业增加财源。

对于商标权人来说，进行商标权转让还可以获取高额利润。在我国，申请注册一个商标必须要经过两年的公示期。花费万元左右买一个商标，而省去两年的等待时间以及烦琐的申请手续，这对于视时间为金钱的企业来说是非常合算的买卖。买方的需求催生了"商标转让市场"和"职业商标人"。对职业卖方来说，注册商标的费用低廉，一旦注册成功打知名商标擦边球的商标，或者抢注到知名商号的商标，只要一转手便可得到几倍甚至几十倍的利润。

第二，商标权的使用许可。在商标的许可使用过程中只发生商标使用权的转移而不发生商标权的转移。

对许可人而言，商标使用许可除了可以收取一定的许可费用外，还可以使商标价值产生"滚雪球"效应，增加企业无形资产的价值，提高许可人的知名度，提高其商誉，增强市场竞争力。近30年来，以品牌输出为代表的全方位输出成了国际资本流动的新特点。早在20世纪50~60年代，就有企业把已经在某一个或几个国家取得成功的已有品牌再推广到新的国家，典型的如必胜客等跨国品牌。这种做法的好处在于比全新推出一个品牌所冒的风险更小，付出的成本更低。其使用的最重要战略手段就是商标使用许可以及与之相关的全面的质量监控。

第三，商标权的投资入股。公司股东出资方式有货币、实物、动产、不动产、无形资产，按照公司法等法律的规定，开办公司或其他类型的企业，具有注册商标证的出资者可以将其商标权这种无形资产出资，作为注册资本的一部分。因此，商标权人可以将其有一定知名度的商标作为出资成立新的企业。

企业利用商标权这一无形资产进行投资入股的好处如下：对于出资方来讲，用商标权投资可以节约出资方的现金支出，以较少的现金投入获得较大的投资收益；可以扩大使用注册商标的商品或服务项目的生产经营规模，进一步提高商标信誉。对于接受商标权投资的企业来讲，商标权资本化可使其直接获得知名商标的使用权，进而打开市场，扩大生产经营；接受商标权投资，也可促使企业严格依法使用注册商标，提高经营管理水平，提高商品质量和服务质量，增加产品品种，增强企业产品或服务的市场竞争力。

第四，商标权的抵押贷款。企业要发展、壮大生产和经营规模，需要大量的资金注入。商标权评估后，可以凭法定评估机构的证书到银行申请商标权质押贷款。

有的企业具有生产能力和技术手段，但因缺乏周转资金而被迫处于停产或半停产状态，从而使其商标闲置。在这种情况下，应当充分发挥商标权的资产属性来筹措资金。根据《担保法》的规定，可以以商标权作为抵押向银行申请贷款。事实上，有的企业已在这方面取得了成功。

商标权抵押贷款在国外特别是欧美一些国家已经很普遍，绝大多数国家的法律都承认商标权具有可担保性，如可口可乐、麦当劳等著名品牌都曾经被抵押过，并且都取得了成功。有人说，如果可口可乐在全世界的工厂一夜之间被火烧光了，第二天世界各大媒体报道的最大新闻是什么？很有可能是全球最具实力的银行投资家们纷纷来到可口可乐总部，要求为其提供最优惠的贷款。尽管这种说法有些夸张，但至少说明大企业无形资产之威力所在。

综上所述，商标权人的投资活动包括商标的设计、商标权的申请、维护、宣传、购买、使用许可、作价入股及其他取得活动。

（六）商标权资产投资策略的选择

1. 自创商标权的投资策略

企业投资是企业投入财力，希望在未来的经济活动中获得收益的一种行为。在建立现代企业制度的背景下，企业能否筹集到必要的投资资本并实现收益高、回收快的结果，直接关系到企业的生存和发展。企业在进行商标权投资决策之前，应该根据自身条件和市场状况来决定是选择自创商标还是选择购买商标、申请商标使用许可。

首先，要根据行业情况而定。如果行业中已经有了强势品牌或领导品牌，而且产品已处于饱和边缘，那后来者做品牌就很难。如果行业中还没有领导品牌且产品处于市场发展阶段，那就比较适合做品牌。

其次，要根据企业研发能力而定。企业创建一个品牌是一项长期艰巨的活动，产品应该有自己的明显区别优势、核心竞争力，能够持续不断推动产品创新、提升，这些都依赖于企业强大的研发能力。企业技术不强、产品不突出、没有创新，最好还是安于现状。

最后，要根据企业实力而定。创建品牌很重要的一点就是一定要有非常充沛的资金链的支持。知识产权投资是智力加金钱的游戏，企业必须能够承担得起打造品牌所需耗费的巨额营销费用。企业如果不管其自身状况与条件如何，一味地争创名牌，很可能适得其反、得不偿失。

2. 购买商标、申请商标使用许可的策略

自创品牌固然是企业在竞争激烈的市场中生存发展的必然趋势，但创牌所需要的时间成本及预期风险也不是一般中小企业承担得起的，所以通过购买或许可使用方式来获得知名商标也不失为一种顺水推舟的良策。

（1）购买商标。对于企业来说，可以通过购买现有强势商标快速打开市场，获取更大的利润。到"商标超市"购买一个老名牌已成为众多企业的选择，这不失为一个快速、实用、简便的方法。

商标越来越被视为具有巨大价值的可交易资产。企业为什么要用巨资收购这些商标组合？这不仅是因为从头开始创建商标比收购商标要难得多，而且是因为强势商标可产生数额巨大且可靠性高的现金流。全球著名的品牌管理企业雷恰蒙特公司是欧洲市场顶级产品的供货商，拥有"江诗丹顿"、"伯爵"、"卡地亚"、"万宝龙"、"登喜路"等几十个历史悠久的世界一流商标。但这些商标都不是雷恰蒙特原创的，而是通过收购途径获得的。"商标是一种竞争工具，收购商标就是收购市场"。

（2）申请商标的使用许可。商标的使用许可制度是商标专用权的延伸，商标使用许可是国际上通行的一种制度，也是无论作为许可人还是被许可人的企业使用商标的一种重要策略。

作为被许可人，通过商标使用许可，能够借用他人的商标声誉推销自己的产品。在我国的制造企业中，85%属中小企业，其中85%属劳动密集型企业。我国劳动力成本低，且由于中小企业在自身规模、人才、技术、资金等方面的特点，决定了其在产品的设计和品牌营销上不具优势，但可以凭借明显的生产制造成本优势，通过贴牌生产参与到国际市场的贸易环节中去，而贴牌生产就是商标使用许可的一个特殊应用。

四、著作权专属资产

著作权，是指作者和其他著作权人对文学、艺术和科学工程作品所享有的各项专有权利。它是自然人、法人或者其他组织对文学、艺术或科学作品依法享有的财产权利和人身权利的总称。著作财产权是无体财产权，是基于人类智慧所产生的权利，故属智能财产权，是知识产权的一种。著作权自作品创作完成之日起产生，在国内实行自愿登记原则。

（一）著作权概述

著作权，分为著作人身权与著作财产权。其中，著作人身权包括公开发表权、姓名表示权及禁止他人以扭曲、变更方式利用著作损害著作人名誉的权利。著作财产权是无形的财产权，是基于人类智力和知识所产生的权利，故属知识产权的一种，包括复制权、公开口述权、公开播送权、公开上映权、公开演出权、公开传输权、公开展示权、改编权、散布权、出租权等。著作权要保障的是思想的表达形式，而不是保护思想本身，在保障私人的财产权益的同时，需兼顾文明的累积与知识的传播，算法、数学方法、技术或机器的设计均不属著作权所要保障的对象。

1. 著作人身权

又称著作精神权利，指作者对其作品所享有的各种与人身相联系或者密不可分而又无直接财产内容的权利。著作人身权是指作者通过创作表现个人风格的作品而依法享有获得名誉、声望和维护作品完整性的权利。该权利由作者终身享有，不可转让、剥夺和限制。作者死后，一般由其继承人或者法定机构予以保护。

（1）特点或性质包括：

1）著作人身权整体的不可转让性。

2）不可剥夺性。

3）个别权利的可继承性（如发表权）。

4）著作人身权的永久性。

（2）该权利内容包括：

1）发表权。

2）署名权。

3）修改权。

4）保护作品完整权。

署名权、修改权和保护作品完整权是著作人身权，对此三种著作人身权的保护没有时间限制。而发表权虽然也是著作人身权，但其与著作财产权一样，有保护期的限制。

2. 著作财产权

著作财产权是作者对其作品的自行使用和被他人使用而享有的以物质利益为内容的权利。著作财产权的内容具体包括复制权、发行权、出租权、展览权、表演权、放映权、广播权、信息网络传播权、摄制权、改编权、翻译权、汇编权以及应当由著作权人享有的其他权利。

（1）时间限制。著作财产权有时间限制，根据世界知识产权组织相关条约，该时限为创作者死后 50 年。但各国国情不同，各国国内法可规定更长的时限。这种时间上的限制使得创作者及其继承人能在一段合理的时期内就其著作获得经济上的收益。

（2）维护权益的方式。著作财产权人通常可通过行政手段或通过法院保障自己的财产权益，前述手段包括以搜索居住处的方式查找生产或拥有非法复制的（亦即"盗版的"）与受保护作品有关之物，作为证据以实施权利。权利人还可要求法院对非法活动发出禁制令，并可要求侵权者就其在财产权和姓名等人格权方面所受损失负损害赔偿之责。

（二）著作权人拥有的权利

一般来说，著作权人对于著作享有若干项基本权利，其中有一些是专属权利。他们享有使用或根据议定的条件许可他人使用其作品的专属权。

对于著作权人的权利，著作权人可以禁止或许可。具体包括：以各种形式对各种著作进行复制，如以印刷或录音的方式复制文字著作或音乐著作；将其著作公开口述、演出，如将戏剧及表演著作或音乐著作公开演出、将文字著作公开口述等；将其著作通过无线电、有线、卫星或互联网加以公开播送、公开传输；对其视听著作公开上映；对其摄影著作、美术著作、图形著作加以公开展示；将其著作翻译成其他文字，或对其加以改编，如将小说改编成影视剧本、将英文版本改译为中文版本。

受著作权保护的许多创作性作品需要进行大量发行、传播和投资才能得到推广（例如，出版物、音乐作品和电影）。因此，著作权人常常将其对作品享有的权利授权给最有能力推销作品的个人或公司，以获得报酬，这种报酬经常是在实际使用作品时才支付，因此被称作授权费或版税。

（三）著作权的保护期限

（1）作者为公民，其保护期为作者有生之年加死亡后 50 年。合作作品的保护期为作者终生加死亡后 50 年，从最后死亡的作者的死亡时间算起。

（2）法人作品，保护期自作品首次发表后 50 年。未发表作品为创作完成后 50 年。

（3）电影作品和以类似摄制电影的方法创作的作品、摄影作品，保护期自作品首次发表后 50 年。未发表作品为创作完成后 50 年。

（4）作者身份不明的作品保护期为 50 年（自首次发表算起），但作者身份一经确定则适用一般规定。

（5）出版者的版式设计权的保护期自首次出版后 10 年。

（6）表演者享有的表明身份、保护表演形象不受歪曲等权利，其保护期不受限制；其他自该表演发生后 50 年。

（7）录音录像制作者许可他人复制、发行、出租、通过信息网络向公众传播其录音录像制品的权利的保护期自首次制作完成后 50 年。

（8）广播电台、电视台享有转播、录制/复制自首次播出后 50 年。

（四）著作权的财产价值

在大多数国家，著作权从著作完成时即开始享有，不需要经过任何官方程式。然而，许多国家设有国家著作权机关，而且法律对于作品的保护是以经过注册为前提，也有些注册著作权的目的在于确定和区分作品的题目。

有实体可依附的文字著作，其著作权人可以得到丰厚的收益，而许多音乐、戏剧和表演的著作权人则无法寻求法律上和行政手段上的保障，特别是全球化的结果使各类型的著作被世界其他国家或地区的人民所使用。也因此，许多国家有一种发展趋势：社会上渐渐出现集体管理著作权的组织或协会，就是所谓的著作权利人团体。这些著作权利人团体集体管理会员们的著作财产权，他们具有法律专门知识，并且对于国际上使用该会成员著作所需支付的授权金的收取、管理和分配等方面具有丰富的经验，著作权人的利益可因参与此种团体而获得确保。

（五）保障创作者权益和信息流通的平衡

著作权是以表彰创作者及给予合理报酬的方式鼓励创作者，因而保障著作权对于人类创造力至为重要。这种权利制度使创作者确信在传播其作品时可不再担心遭受未经许可的复制或盗版。因为这种制度性保障而不断产生的创意可以使全世界的人类享有更多、更好的文化、知识及娱乐的乐趣。

基于过去社会经验的传承可以更加快速地发展文化、知识与娱乐，假如过度保障关于著作的私人权利，将使得信息无法流通，知识也无从累积。因而，有人主张知识财产权是人类公共财产，应由全体人类所共享，维基百科就是一个最好的例子。创作共享（Creative Commons，CC，中国正式名称为知识共享）也提出保留部分版权的概念，希望使信息流通和保护创作者两方面重新取得平衡。

（六）著作权与保障创作者权益之关系

创作者不等同于著作权所有人。为了使作品能获得最大的商业利益，不少作品（尤其是商业创作，如电影、流行歌曲）的著作权所有人多为商业机构（如娱乐机构），而非创作者本身。结果是著作权带来的报酬（尤其是经济报酬）实际上都到了商业机构手中。因此，著作权在现代商业社会中究竟是保障了创作者的利益，还是保障了商业机构的利益，不少人提出了质疑。

（七）科技发展与技术中立原则

随着科技的不断进步，著作权的种类大大拓宽了范围。在互联网上公开传输著作是出现了新的著作权种类的一个动态，未来还有可能出现种类更多、权利关系更复杂的著作权形态。世界知识产权组织（WIPO）积极参与正在进行的国际讨论，即试图制定关于网络世界中保障著作权的新标准。《世界知识产权组织版权（著作权）条约》（WCT）和《世界知识产权组织和录音制品条约》（WPPT）规定了一些国际准则，旨在防止未经许可在互联网或其他传播渠道上获得和使用创造性著作的行为。

五、通路关系专属资产

如今大家都在谈通路（渠道）的建设与变革，这是个好事情，说明企业开始真正将通路的顺畅与否视为重要的营运问题。

（一）通路关系的基本含义及内容

"通路"是指产品从生产出来到消费者使用的中间销售过程，现各界已习惯把"通路"理解为流通渠道。通路的宗旨是连通品牌与商场、客户端，做品牌的知心人，通路的理念是品牌拓展思路，更是从同业领袖到领袖品牌的过程。

（二）通路关系的功能

通路厂商提供流通商品更多的附加价值。通路厂商提供下列其中一项或数项功能：

（1）将所生产的大批量产品重新包装成为一般消费者所能购买的小额数量。

（2）调配消费者所需的产品种类。

（3）在制造出产品后与消费者购买此项产品前进行保管的功能。

（4）把产品运送到消费者所能购买到的地方。

（5）提供产品信息给消费者，也提供消费者的市场信息给生产厂商。

（三）品牌通路与通路品牌

近年来各行业的发展趋势是竞争的焦点已经从产业链的上游技术、原料等方面开始向产业链的下游转移，可以预见的是，通路将成为未来的营运焦点之一。因为产业链的上游因素决定了该产品的质量，而真正的问题是能不能将该产品的优势转化为品牌优势，让消费者接受该产品。而要实现产品优势向品牌优势的转化，通路是关键的一环，所以需要从品牌的角度谈通路。

事实上，在企业的品牌与通路之间存在着一种相辅相成的关系，即通路支持品牌，而品牌又反作用于通路，处理好了两者之间的关系，将出现双赢的局面，而两者之间出现矛盾，则会形成恶性循环。

六、自有品牌专属资产

自有品牌在国外已有近百年的历史，目前日益受到商业企业的重视，尤其是大型零售企业的重视。欧美的大型超级市场、连锁商店、百货商店几乎都出售标有自有品牌的商品。实施自有品牌营销战略可以使企业产生较大的影响，取得良好的业绩。

（一）自有品牌的概念

自有品牌，又称为商店品牌，是指零售企业从设计、原料、生产到经销全程控制的产品，由零售企业指定的供货商生产，贴有零售企业的品牌，并在自己的卖场进行销售，实质上是零售业的 OEM 产品。其特点是自产自销，省去许多中间环节，使用自有品牌的商品可以少支付广告费，进行大批量生产、销售，取得规模效益，降低商品的销售成本。商品以企业名称或企业自己确定的名称作为品牌在本企业销售，而不是使用制造商品牌在全国销售。

（二）实施自有品牌营销战略的基本途径

（1）零售企业委托生产者制造。即商业零售企业根据市场动态对商品的质量、规格、类型、原材料、包装等方面自行设计，然后委托生产企业按照设计要求制造，在销售时使用自有品牌。其特点是：零售商业企业与生产企业是一种较为松散的协作关系，经营风险较大，放弃使用制造商品牌的生产企业生产的产品虽然质量较好，但因其规模小，无法与其他较大的企业竞争，从而与大型零售企业联合，双方互惠互利。

（2）零售商业企业自设生产基地，即自己投资办厂生产自己设计开发的商品。其特点是：生产企业和商业企业不是交易关系而是协作关系，有共同的利益，稳定性较强，交易费用低，但需要商业企业有相当的规模与一定的经济实力。

（三）自有品牌的竞争优势

1. 信誉优势

敢于使用自有品牌的零售商业企业往往有良好的声誉和企业形象。企业在长期的经营实践中，以一种或几种经营特色形成了自己良好的信誉，树立了一定的品牌形象，使商业企业创立的自有品牌从一开始起就具备了名牌的许多特征，极易被顾客接受与认可。如今，商品供给日益丰富，而消费者又较少拥有特定商品的专业知识，认牌购买往往成为消费者的惯常购买行为，特别是在假冒伪劣产品泛滥的情况下，良好的企业形象和品牌信誉几乎成了消费者的"避难所"。广大消费者总是喜欢到"放心店"、"信得过"商店购物即是明证。

2. 价格优势

质优价廉是自有品牌商品的一大优势。使用自有品牌的商品具有四种价格优势：

（1）大型零售商业企业自己组织生产自有品牌的商品，使商品进货省去许多中间环节，节约了交易费用和流通成本。

（2）使用自有品牌的商品不必支付广告费，零售商已有的良好信誉就是自有品牌商品最好的广告。

（3）自有品牌商品仅在开发商品的零售商业企业中销售，可省去打通流通渠道所需的费用。

（4）大型零售企业拥有众多的连锁店，可以大批量销售，取得规模效益，降低商品的销售成本。

3. 特色优势

使用制造商品牌的商品，通常各零售企业都可以经营，这使得各零售商业企业在所经营的产品品牌上的差异日趋缩小，"走一店等于走百店"，从而造成零售企业经营上雷同有加而特色不足，加剧了竞争的激烈程度，甚至出现了过度竞争。而实施自有品牌营销战略，大型零售企业首先要对其品牌进行准确的市场定位，企业要根据自身的实力状况、竞争者的市场地位、目标市场的需求特点来确定自有品牌商品在市场中的地位。品牌定位一旦明确，企业的经营特色随之形成。另外，零售企业的自有品牌与制造商品牌的最显著区别在于零售企业的自有品牌只能运用于开发商品的企业内部，其他企业不能使用，因此，使用自有品牌也就把本企业的经营特色体现了出来，从而以特色经营赢得顾客。

4. 领先优势

市场营销的核心是把握、满足消费者的需求。零售商业企业直接面对广大的消费者，能比较准确地把握市场需求特点及其变动趋势，从而能根据消费需求特点来设计、开发、生产、组织商品，这样就使自有品牌的商品比制造商品牌的商品更能快捷地体现市场需求，在市场竞争中处于先发制人的有利地位，掌握竞争的主动权。

5. 市场效应

自有品牌是商业零售企业自己创意并经营的商品品牌。近年来，国际大型商业企业普遍采用自有品牌的经营战略，通过自有品牌建设提升企业的信誉，最终提高本企业的效益，使企业得到更好的发展。

6. 经济效益

自有品牌产品之所以受到人们的关注，与其"创新、优质、低价"的市场策略息息相关。

7. 高毛利

自有品牌商品不仅可以完善商品线和产品结构的合理覆盖，还可以增加商品的条形码数量，无形中提供了更多的商品交易机会，从而提升了商品销售总额及客单价等业务指标。

同时，自有品牌还是制衡品牌商的秘密武器，一旦自有品牌自成体系后，强大的"免疫力"便可压制一线代理品牌供货商的话语权。更重要的是，推出自有品牌产品可拉高零售商的平均商品毛利率，从而改善其经营收益。

8. 复制热销商品

可依销售趋势和顾客需求跟踪调研，再根据产品销售情况、顾客反应和市场分析等资料确定新的自有品牌产品。例如，屈臣氏可以在 2~6 个月的时间里复制出与该热销代理商品近似的自有产品。

9. 推广新品迅速

可以通过自有品牌优势更新包装或优化升级产品，也可以根据消费需求的变化开发推出全新的产品，还可以将过程控制、结果评估和信息回馈跟进三者结合，有效地提升产品的被接受度。

10. 扩大经营规模

通过自有品牌优势可以加快实体店、网店的拓展，扩大销售规模，积累和引进发展自有品牌的资金，从而吸引生产企业为自己做贴牌生产或建立自有厂房，然后再通过庞大的销售网络、通路将自有品牌的商品迅速推向市场。

11. 严控"品质关"

自有品牌商品要以"质"字优先，严控商品质量，千万不能马虎，不能因为"价低"就等于"质次"，而是要做到"质优价廉"。质量是自有品牌最重要的保障，质量不仅关系到自有品牌的未来发展，更会影响到零售商的整体销量和品牌形象。

12. 采用"子品牌"

可直接将"母品牌"延伸到自有品牌的商品。虽然可以借助"母品牌"的强大影响力为自有品牌迅速打开市场，但前提是自有品牌商品的质量、消费者认知度完全稳定后，才能与自身"母品牌"进行完全挂钩，实现双赢效益。

13. 建立零供关系

自有品牌战略可利用其相对垄断的零售、采购优势来谋取更大的利益。但自有品牌的成功与否与建立零供关系是否得当是密切相关的。自有品牌发展是一把"双刃剑"，运用不恰当反而有可能伤了自己。

（四）用自有品牌强化企业品牌形象

自有品牌在全球各个区域都在积极地推动零售商的业务增长。在全球36个市场中，有2/3的市场自有品牌增长速度超过了生产商品牌的发展速度，在这些市场中更有半数以上的自有品牌实现了两位数的增长。

品牌可分为企业品牌和产品品牌。零售商的企业品牌、分类产品品牌、产品线品牌构成了一个具有层级关系的树状品牌系统。企业品牌位于零售商品牌系统的最上层，是整个品牌系统的根基。

企业品牌受到很多因素的影响，如物理环境、当前气氛、方便程度、商店的购物者类型、已有商品、服务水平等。但是零售商竞争优势的主要来源是其运作能被顾客理解为增加产品的实际价值。为了达到这个目的，与其他竞争者相比，一个零售商必须让顾客感觉到差异化，如商品更便宜、品种更多或更有特色等。因此，独一无二的自有品牌是零售企业实现经营特色最有效的手段，不仅使零售商的商品品种构成更加充实，而且进一步借助自有品牌的导入在消费者心中强化了零售商的企业品牌形象，形成差异化的品牌识别，从而培养和增强了消费者对零售店的忠诚。

在品牌系统中，企业品牌起到统领的作用，自有品牌必须从企业品牌的定位出发，反映企业品牌的内涵和理念，推出本身产品的价值主张，协助企业品牌创造价值，形成品牌合力，进而强化企业品牌的形象，获取竞争优势。由于具有独一无二的特点，自有品牌产品只能在特定的零售企业才能购买到，所以较易形成零售企业的差异化经营。但是要保证对企业品牌的强化力，自有品牌的设计就必须从企业品牌的内涵和理念出发，并通过有力的支撑点，即价格优势、分销优势、产品优势和促销优势等，获得竞争优势，形成顾客忠诚。

（五）撬动自有品牌的支撑点

自有品牌（产品）的开发需要充分考虑企业品牌的内涵和理念，但是撬动自有品牌，使其更好地为企业品牌塑造出力，还需要强有力的支撑。最佳的手段是具有竞争力的价格、连锁经营优势、顾客优势以及较低的促销成本。

1. 价格优势：具有竞争力的价格

自有品牌以制造商品牌廉价替代品的身份出现，所以具有较强的价格竞争优势。由于生产能力过剩的大型制造商、处于困境中的制造商以及众多的中小型制造商的存在，零售商可以在保证产品质量的前提下寻求最低成本的制造商来进行自有品牌产品的加工、生产。零售商自有品牌产品的开发生产或销售订货与制造商直接联系，省去了许多中间环节，节约了交易费用与流通成本。

2. 分销优势：连锁经营

连锁经营保证了企业分销地域的广泛性，是实施自有品牌策略的有力支撑点。首先，连锁经营节约了交易费用，营造了自有品牌的价格竞争优势。连锁经营把分散的经营主体组合成一个规模庞大的经营整体，通过总部为各店集中采购，进货批量大，可享受较高的价格折扣，降低了进货成本。其次，连锁经营扩展的区域范围为自有品牌奠定了市场基础。连锁经营从外延上拓展了零售企业的市场阵地，不仅使自有品牌较易进入广阔的市场领域，而且可以大大延长自有品牌在市场上的生命周期。连锁零售企业在原经营领域内培养的信誉及带给消费者的服务和形象还可以降低消费者对自有品牌的认知成本，提高消费者的忠诚度。

3. 产品优势：更了解顾客的需求

把握市场需求的优势对零售企业实施自有品牌策略提供了有利的条件。零售企业能及时、准确地了解消费者对商品的各种需求信息，又能及时分析和掌握各类商品的适销状况。

4. 促销优势：促销成本较低

由于自有品牌仅在该零售商内部进行销售，其广告宣传主要是借助零售商的商誉，在商店内采用电子媒体、广播等方式进行，目标顾客群具有区域性特征，即使是采用大众媒体进行宣传推广，也只需运用当地媒体，针对性强，经济效益高。在人员推销、营业推广方面，自有品牌更是"近水楼台先得月"。

七、品牌授权撬动资本

随着商品经济的高度发展，在世界范围内，同类企业之间的竞争不只体现在产品质量、服务等方面，还体现在品牌经营上。如果销售没有品牌的产品，那么无异于与无数的同业者竞争，只是看谁的价钱最低而已。始于卡通人物的商品化，品牌授权已有100多年的历史，但是品牌授权在欧美的大力发展是近30年的事情。

中国是全球经济增长最快的国家。随着人们生活水平的日益提高，消费的需求日益多样化，并且对品牌商品的需求、认知、标准不断增长。因此，对于企业来说，不断提升其品牌形象，增加其品牌价值，培养认可其品牌的忠诚客户群，成为提高企业竞争力的核心手段。

自从加入WTO后，中国企业面临的竞争环境越来越严峻，在这种大背景下，加强对品牌授权这一现代流通方式和商业营销方式的学习与研究，了解国际知名品牌的成功扩张经验，有重要的现实意义。品牌授权在美国、欧洲、日本等已成为一种成熟的商业模式，随着国内企业技术、质量的快速提升，未来中国将有机会超越国际上其他国家，成为更多行业优质品牌的授权国。

（一）品牌授权的含义

品牌授权又称为品牌许可，是指授权者（版权商或代理商）将自己所拥有或代理的商标或品牌等，以合同的形式授予被授权者使用，被授权者按合同规定从事经营活动（通常是生产、销售某种产品或者提供某种服务），并向授权者支付相应的费用——权利金，同时授权者在人员培训、组织设计、经营管理等方面给予被授权者指导与协助。

（二）品牌授权的好处

品牌授权这种经营方式最早始于迪士尼公司。当时，沃尔特·迪士尼为了宣传米老鼠的形象，允许许多厂商免费使用米老鼠等卡通形象来促销其产品。目前，全球品牌授权额已超过 6000 亿美元，品牌授权成为世界各国产业链中的重要一环。

品牌授权到底给厂商和公司带来了什么利益呢？品牌授权创造的是双赢。品牌授权对企业而言，可以进入一个崭新的市场，省去了办公、库存和招聘的烦琐。而且品牌加盟者可以随之享有其授权产品的品牌效应，增加其经营产品的美誉度。最重要的是，消费者可以用合理的价格买到高质量的品牌产品。具体利益有以下几个方面：

1. 企业、品牌与消费者三方受益

品牌授权能使被授权方在当地市场的产品销售立竿见影，而无须投入巨额广告费来树立一个新品牌，也无须经过漫长等待来赢得信誉。通过加盟知名品牌，企业可以在产品、营销、管理、技术和设计上迅速达到一个新的水平，在激烈的竞争中脱颖而出，获得可观的利润。同样的产品，结合著名的

品牌可以带来比原来更高的价格和销售额，给企业带来更多的利润。由品牌授权商的巨型推广活动直接得到宣传推广的作用，同时消费者可以参与活动期间的降价优惠，更可以借此获得加盟商提供的定额赠品或相应的免费体验、试用品等礼品。消费者因为直接或间接地参与活动，也乐于主动为授权商、加盟商在自己的传播媒介上发表信息，无形中也带动了更多消费者的参与，为授权商、加盟商带来更大的有形及无形的获利。

2. 增强国内企业的产品竞争优势

品牌授权对大多数企业来说，可能还比较陌生，但实际上，品牌授权这种经营模式在美国、欧洲和东南亚已经有了很长的发展历史，对不少国外知名品牌的授权商来说，已经构建了成熟的品牌授权体系。品牌授权的推广是精细、复杂且专业化要求极高的执行过程。在征求被授权商时，这些授权商都有一个明确的授权规定，制定了选择标准，而且会考核被授权商的资格。

也就是说，厂商一旦凭借自身企业的生产、销售渠道等优势成功地从授权商那里获得了著名形象和品牌的使用权，为了保证业务顺利开展，授权商会给予人员培训、组织设计、经营管理等方面的指导和协助。接下来就能凭借产品和品牌形象的结合，产生高附加值，从而创造出更多的购买诱因，甚至企业还可以面向品牌所定位的消费者进行量身打造，以个人专属的角度打动消费者的心。

3. 创造"三赢"局面

品牌授权是指品牌的拥有者在一些商定条款（如使用品牌的商品类别、商品销售的地区和使用的时间段）的基础上通过有关协议，允许被授权商使用授权商的品牌生产销售某种产品或提供某种服务，并向品牌授权商支付商定数额权利金的一种经营方式。

品牌授权被称为 21 世纪最有前途的商业经营模式。目前，中国在世界品牌授权业所占的份额不足 2%。中国引进品牌授权经营模式，可以为市场创造一个"三赢"的局面。

（1）从品牌授权商的角度看，这些容易被消费者识别的品牌作为有效投资授权出去意味着品牌的扩展。即拥有知名品牌的授权商不用投入厂房、设备、办公设备、人员等烦琐事宜就可以进入一个新的市场。

（2）从被授权商的角度看，被授权商通过使用一个成功建立了多年的品牌名称、标识，使自己的商品能够立刻获得该品牌知名度带来的好处，迅速被消费者知晓，并且更易于被分销渠道接纳。品牌授权为被授权商提供了一个对品牌形象已经熟悉且喜爱的消费群，而且消费者因为品牌的缘故也愿意付出比以前更多的金钱来购买被授权商的产品，从而提高了产品的利润率。对被授权商而言，这一切的完成并不需要启动和建立自己的品牌，而且品牌的好处能够立刻实现。

（3）从市场的角度看，进行品牌授权的原因还在于一个强大的品牌能够让消费者清晰地识别并唤起消费者的品牌联想，进而激发消费者对其产品的需求。例如，一个米老鼠的图像可以赋予一个普通的杯子在产品功能性以外的品牌故事，从而吸引喜爱米老鼠的消费者进行购买。更为重要的是，消费者可以以合理的价格买到高质量的知名品牌产品，并成为最直接的受益人。

（三）品牌授权的风险

品牌授权虽然可以创造一个"三赢"的局面，但同时也存在以下风险：

1. 授权监控的风险

被授权者是通过购买的方式获得品牌使用权，所以被授权者只考虑投资的短期收益，往往忽视品牌的维护与发展，就很可能出现一些短期行为。而由于品牌授权者并不直接进行产品的生产，无法对具体的授权企业进行产品质量上的监督，一旦出现质量问题就会危及整个品牌。

因此，作为授权方，应构建一套成熟的品牌授权体系。对被授权厂商的选择要慎重，全面考核被授权者的资格，确立长远互利的合作关系，绝不能谁交钱就给谁授权。同时，要把握发展加盟商的节奏，量力而行，切忌操之过急，免得消化不良而造成更大的管理风险。

2. 授权产品冲突的风险

某些授权产品由于企业长期经营战略及实际操作的结果，消费者已经在某一领域认同了该品牌，使其可延伸性变弱，在这种情况下，如果授权产品与原有产品的关联性较差，甚至产生抵触，就会使消费者产生心理不适，有损原来品牌的形象。

由于一些商标所有者缺乏对自身品牌的严格管理，或者为获取更多的利益，同一个商标被授权给多种不同的商品及不同的公司，甚至是相互冲突的产品，就会从根本上造成自身品牌的混乱。

3. 授权变"敛金"的风险

有关部门已经发现一些不法之徒打着品牌授权的幌子，有的甚至连商标都未注册，便搞起了所谓的品牌授权，在大肆敛金之后拍屁股走人，换一个招牌继续招摇撞骗。一旦企业误加入了这样的"联盟"，其后果不堪设想。

作为授权方或被授权方，一定要确认是否拥有合法完备的授权资格。品牌授权方是否拥有良好的整体状况和商业记录，品牌授权是否受到相关法律的保护，是否可以提供强有力的培训、法律和协调支持等，绝不能仅凭一套花哨的加盟数据和口头承诺予以判断，有必要对其进行深入考察。在签订授权合同以及进行授权谈判时，被授权方要对授权方有全面的了解，特别要在授权商品（品牌数量和商品大类）、销售区域（生产和销售的区域）、销售时间（双方履行合同的时间期限）三方面特别注意，否则就容易引起纠纷。另外，由于授权方的多方授权，可能会引起同一品牌在市场上的平行竞争，被授权方也要加强对市场的维护。

当然，品牌授权的经营模式在我国开展的时间不长，在操作上与之相配套的法律法规还有很多不规范和不完善的地方，操作上容易使品牌授权变形走样。

4. 授权品牌不受保护的风险

获得国外企业授权加工的商品，如果与国内企业产品的注册商标相同或相近时，在国内使用该商标就构成了侵权。也就是说，授权品牌在这种情况下不会受到法律的保护。

这种风险包括两种情况：一种是获得国外品牌授权的商品与国内企业的注册商标相同或相近时将构成侵权；另一种是品牌根本就无法注册，而为所有商家所通用，这样品牌效应就会减弱甚至失去其价值。

5. 授权品牌遭仿冒的风险

例如一个"鳄鱼"品牌，就有新加坡鳄鱼、中国香港鳄鱼、法国鳄鱼。鳄鱼头标识既有朝左的，也有向右的。尽管这些"世界名牌"都拥有自己的合法身份，但大都没有在相关的品牌发源地注册，更没有在世界知识产权国际组织——马德里国际商标注册组织进行注册。因此，这些品牌在我国是合法的，但在国际上根本得不到承认。据不完全统计，国内市场上类似"华伦天奴"的注册商标曾高达 200 多个，而与"梦特娇"雷同的品牌持有企业就有 60 多家。

因此，品牌授权固然是创业的一个快捷方式，但风险依然很高，自创品牌仍然是国内企业最终发展的要求。在西方，品牌被称为经济的"原子弹"，被认为是最有价值甚至是暴利的投资，品牌成为资本运营的主要投资标的。

（四）如何正确地进行品牌授权经营

品牌授权的经营模式带来了品牌的商机，撬动了资本的运营，但同时也凸显了没有品牌的危机。因此，作为授权方，应构建一套成熟的品牌授权体系。

1. 对授权厂商的选择要慎重

要全面考核被授权者的资格，确立长远互利的合作关系，绝不能谁交钱就给谁干。具体来说，要考虑以下几个方面的因素：

（1）考查合作者的资金实力：潜在合作者的资金实力将是至关重要的

考察因素。如果没有雄厚的资金实力，那么它就不可能承担起对品牌建设和提升的重任，而只会从品牌原有价值中分享利益。

（2）是否拥有强大的经营团队：除了品牌之外，经营团队是企业的灵魂。即使投资者拥有资金，如果其没有操作过实业，或者没有一支精干的经营团队，单是指望雇用职业经理人是很难成功的。

（3）所选项目的操作方式：具体的操作方式是多种多样的。例如，有的合作者会要求控股新公司，那么授权方要提前设定商标授权的使用范围和退出机制，否则会留下后患。有的投资方会选择以 OEM 的方式介入新的延伸业务，那么就要考察合作者的真诚度，要知道 OEM 是被授权方轻易进入的一种方式，此种操作方式对产品质量、发货流程是很难控制的，品牌价值的提升度也将受限。

（4）授权方和被授权方企业文化的相互包容性：由不同文化理念的多个企业共同经营同一个品牌，而且这种合作的各方又是独立自主的，其结果就会使同一个品牌逐渐地演变出不同的品牌形象，甚至是相互排斥的品牌形象。如果出现这种情况，可想而知品牌的终结也就不可避免。因为文化理念的不同决定了经营理念的差异，而经营理念的差异必然对产品的质量、市场推广的行为以及服务的质量等产生较大的冲击，从而容易导致市场对品牌认识的混乱，最终会大大削弱品牌的影响力。

此外，品牌的授权经营还应考虑被授权方是否具有诚信的经营理念、是否具有较强的市场竞争力等问题。

2. 要加强对被授权方的管理

品牌授权的基础是开发品牌形象并维持该品牌形象的知名度和地位。具体来说，加强对被授权方的管理，要做好以下几个方面的工作：

（1）加强对授权商品的质量控制。品牌授权人对被授权方的管理主要是授权商品的质量控制，不能让低劣的商品影响品牌的形象。

（2）加强对授权合同的控制。对被授权人可以生产销售的授权商品的种类、销售区域在合同中予以明确。

（3）加强对授权方经营过程的指导和管理。授权方对被授权方在品牌授权后的经营过程要进行指导和管理，以防被授权方的品牌授权经营偏离了企业原有的轨道。要坚决杜绝授权方在授权后成为"地主"的现象，只顾收"租金"，对被授权方在品牌授权后的经营过程不管不问。

3. 把握发展加盟商的节奏，切忌操之过急

授权方要把握发展加盟商的节奏，量力而行，切忌操之过急而造成品牌负成长的局面。中国经过这些年的快速发展与国际形象的提升，现在正是国内企业品牌授权经营、与国际授权品牌合作、发展自己品牌的最佳时期。

八、品牌是资本运作的"原子弹"

资本对明星产业与特定行业的偏向或青睐，既是多数企业的机遇，也是多数企业的压力。机遇是：品牌与资本结合，企业将迎来跳跃式的发展机会。压力是：由于资本市场的介入，将加速行业的洗牌，形成"几家欢乐几家愁"的局面，更多的优质资源将向少数大企业、大品牌集中靠拢，大量中小企业将被淘汰。

品牌资本运营除了本章所介绍的品牌授权外还包括品牌托管、品牌交易、品牌共享等模式。任何一种模式都是极其复杂的系统化过程。

品牌通过各项管理可以使企业提升竞争力，减少市场进入难度，并利用可预见性的资本支出，达到品牌化发展及经营的目的。这需要一套完整的系统去支持品牌的平稳发展，使品牌形成有效的推广手段，让品牌在很短的时间内建立起规范且卓越的市场形象，形成一个产品、陈列、推广、管理等所有营销环节相互联系的系统链条，不仅让品牌得到长久而旺盛的生命力，而且创造品牌延伸的价值。

品牌建构的成功率是2%，绝大多数企业都有急功近利的心态，导致好高骛远的运作模式。品牌是一项工程，而不是一个流程。每一个步骤都需要环环相扣，因此建议企业在进行品牌资本运营时还是寻求专业、诚信的机构从中协助，千万别为了省下高昂的指导费用而自己操作，一旦操作失败可不只是赔了夫人又折兵这么简单的损耗，严重的可能导致倾家荡产，甚至落入负债累累的陷阱与月晕迷失中。

品牌的杠杆爆发力是惊人的，其资源整合的力量更是宽广与无限延伸的，就资本运作的角度而言，企业的固定资产规模并非亮点，反倒是"轻资产"型的企业最具爆发力的前景。资本运营中若能妥善应用品牌在有形资产、无形资产的完美结合，一定可以让企业的品牌变成资本运营上的一颗"原子弹"。

结　论

集雪前你该思考的事

一、企业实施资本运营时应有的责任

1. 国家责任

被投资人在创业中最期盼的是能有资金的注入解决发展所需的各项费用，然而根据调查，天使投资的风险极高，且初创期的失败率也极高，各行业的均值达到85%以上。目前，对于政府在扶贫资金的监管上来说，冒领扶贫资金的行为已无法杜绝，更何况监管更难、更复杂的金融投资领域。仅依靠几个政府部门组成的工作组织能否杜绝造假？显然是有难度的。

政府担任了"接盘侠"，为失败投资补偿损失。政府对投资机构投资种子期、初创期的科技型企业，最终回收的转让收入与退出前累计投入该企业的投资额之间的差额部分，给予一定比例的财务补偿。具体来说，政府对多行业投资种子期企业所发生的投资损失，各地可按不同的实际投资损失给予不同比例的补偿。

国家的总体经济不能随意浪费与消耗，每个企业都应该有为国家的总体经济做出贡献的基本认知，"国强才能民富"是自古不变的定律。企业绝不能为了自身利益而肆意消耗政府的财政资源，否则对于政府而言是重大的负担。

2. 社会责任

投资人来自社会，而投资失败的损失却造成了社会负担，所以企业本身必须承担起面对社会的责任。虽然没有人可以保证投资一定不亏损，但是身为项目、企业的负责人以及团队，仍有对投资人进行风险规避、立即止损、提供帮助的义务与责任，这将关系被投资人的信誉，以及投资人的后期评鉴。

另外，投资人与被投资人双方都存在着风险，双方均应该在一个正确以及合法的获利模式下进行投资，只有在这样的概念中进行资本运营，才不至于将这个资本模式变成一个惨无人道的人吃人模式。

二、成为支持国家竞争力提升的企业

自改革开放以来，国内企业接触国外企业的机会不断增多，不论是管理交流、技术交流还是创新交流，国内企业经历了从学习到模仿、从模仿到创新的过程，但这些年一路走来国内的企业在国际上留下了一个印象，那就是山寨。国内某些劣质企业的仿冒造就了这个称号，不仅让国家颜面受损，对于那些脚踏实地追求质量、追求创新的诚信企业与项目简直就是一种污蔑和伤害，更是一个不公平的羞辱。

以往国内企业的发展是提供内需较多，随着国际间的经济发展，以及国内的各项技术不断提升，如今大量的贸易输出正是展现我国优良商品的大好机会。资本运作是提升质量、技术、创新的发展基础点，各企业应该具有爱国的共识，将国内商品、品牌打入国际市场，提升国内优质商品的形象，逐渐扭转国内消费者青睐舶来品的观念，各企业更应该配合国家的政策，尽力争取国家所提供的各项创新研发支持。

资金的运用不限定于是国内还是国外的资金，货币的流通是为了增加使用率，商品的流通是为了增加获利率，资本运作时不论是吸收内资还是外资，资金的注入就是为了提升企业、项目的竞争力，而非单单是为了超额的获利。因此，进行资本运作的企业别忘了在通过资本获利的同时，也必须提升企业与项目各方面的竞争力、创新力。

一家企业打入国际市场的力量很单薄，但如果是十家、百家、千家甚至是几万家、几百万家企业呢？这种聚少成多的力量将会为国家形象与国家品牌影响力带来无与伦比的能量，这是身为国内企业应有的共识。

三、全民投资时代来临

1. 负利率时代来临

自 2014 年 11 月至 2015 年 10 月 24 日，中国央行已经进行了六次降息，一年期存款基准利率下降到 1.5%，这表示我国已经进入负利率时代，就是把钱存在银行将会越存越少，以往把钱存在银行，银行还会支付你利息，未来将可能演变成把钱存在银行你还要支付银行保管费。因此，把钱存在银行会被更多人认为是不明智的行为。

通货膨胀使得钱的价值越来越小，财经频道、保险业者开始告知以及推广可以分红的保险产品，这意味着原本存在银行的资金将可能移转至购买保险。因为保险至少比银行多了一份保障的优势。

另外，除了提高投入保险产品的可能外，投资人还可能将资金移转到金融市场进行各方面以及各项目的投资，这表示银行已不再是多数人存钱的地方，而可能成为资金临时停靠的码头而已。因此，投资人的比例将会大幅度增加，同时投入金融市场的资金也将大幅度增加。

2. 私募债券是未来的大趋势

依照 2016 年 10 月统计数据，沪深两大交易所公司债发行金额为 2117.54 亿元，与前期相比有下滑的趋势。虽然私募债券的风险较高，违约的情况时有发生，但是多数投资者仍关注私募债券这一投融资工具。

在私募债券的基础上可以升级换股债券，同时也为投资机构提供更稳定的退出路径，除此之外还可以促成新三板公司的融资交易。国务院印发的《关于促进创业投资持续健康发展的若干意见》提出，要完善新三板交易机制，改善市场流动性。

政府对于资本运作的支持力度不断加大，在政府有效的、严谨的管控政策下将会有更健全的交易制度与管理标准。这也充分地证实新三板在目前金融市场中的影响力与需求力已不断扩大。全国股转系统下发的《私募机构做市业务试点技术方案座谈会会议纪要》，要求各主办券商做好私募做市技术系统开发、部署及日常运营维护工作，并要求结算券商做好相关私募机构做市技术系统上线测试及现场验收工作。

未来一旦完成股转系统检查，私募做市商将会比照现行证券公司做市商要求开展业务试点，投资人即可以对接私募机构进行交易，这也将大幅增加私募债券的交易规模。

3. 全民投资意识提高

投资的行为并非一件难事，但是投资获利却不是一件容易的事，投资方如何选择良好的企业或项目，可参考集雪资本模型的内容加以审视，避免在贸然的投资中血本无归。投资的规模可循序渐进地展开，笔者希望投资者能多方考察企业或项目，提升投资进行期间的获利性、安全性。

4. 投资生活化

互联网投资的兴起将引爆大幅度的全民投资行为，10 元就可以展开的投资行为已然成为参与投资的一种方式，未来投资这个名词将不再是神秘而不可触碰的事，反而将会呈现生活化的趋势，甚至成为人们生活中不可或缺的生态。

四、集雪资本运作的最终目的不一定是挂牌或上市

集雪资本模型的运用是通过资本运作辅助管理，同时也可以通过管理辅助资本运作，使其企业内外部实现双向的平衡发展，在不同阶段的运营、营

运中提升所需求的资金辅助效益。

想不到别人所想的事和想到了钱却跟不上，是企业或项目的开展过程中停滞、失败的两大主要原因，很多企业或项目都败在这两个原因上。企业实施资本战略必须是有计划性、阶段性的，成功绝非一蹴而就，更不可好高骛远地做白日梦，认为资金可以来得简单或是包装、欺瞒就能达到融资的目标。

虽然挂牌与上市都是企业与项目的最终目标，但是实现这个目标的过程是相当艰辛的，多数企业或项目如同玻璃上的苍蝇，眼前一片光明但是却飞不出去。被投资方如何选择适合的投资人？如何按部就班地完成各项部署？投资人如何选定被投资方？以上问题均可参考本书集雪资本模型的内容加以自我审视。

一般在进行集雪资本运作时，从集雪一期至集雪三期的阶段，均可以将营业额以 3 倍至 5 倍的速度提升，即使企业或项目未进行集雪量动过程，但整体的资金、管理都已经获得大幅度的提升，当企业的实质利益能满足股东权益与企业中期以上发展时，挂牌与上市的必要性就不是这么迫切了。笔者希望投资人、投资机构、创业者、参与资本运营的项目和企业都能在稳扎稳打的环境下实施资本运作，提升资本运营进行期间的稳定性、操作性、获利性、安全性、发展性，打造属于自己的最佳资本运营获利空间。

参考文献

中文：

[1] 资本运作行业的起源与发展概况 [EB/OL]. http：//wenku. baidu. com/link，2011-05-12.

[2] 资本运营 [EB/OL]. http：//baike. baidu. com/item/.

[3] 资本运作、资源整合新模式 [EB/OL]. http：//www. docin. com/p-1485345070. html.

[4] 资本市场 [EB/OL]. http：//baike. baidu. com/item/.

[5] 资本市场的含义 [EB/OL]. http：//wenku. baidu. com/link.

[6] 民营企业资本运营的发展态势、问题及对策 [EB/OL]. http：//www. cnki. com. cn/Article/CJFDTOTAL-QUIT200402074. htm.

[7] 资本市场带来的社会经济八大变化 [EB/OL]. http：//www. docin. com/p-1020708483. html donghailongjun，2015-01-12.

[8] 郝云龙. 雪的形成及形态 [EB/OL]. http：//wenku. baidu. com/view/44a6c9d426fff705cc170a8c. html，2012-02-27.

[9] 资本运作的分类及特征 [EB/OL]. http：//wenku. baidu. com/view/a62e2f67bb4cf7ec4afed0c4. html love20140107，2015-11-21.

[10] 肖作平. 公司治理和融资政策之间关系研究综述 [EB/OL]. http：//www. doc88. com/p-1025946414786. html，2013-05-08.

[11] 王晓滨. 企业融资、资本结构和公司治理的关系与应用 [EB/OL]. http：//wenku. baidu. com/view/bbcb83073169a4517723a3c4. html.

[12] 企业进行股权重组后的税务处理问题 [EB/OL]. http：//www. 110. com/，2010－08－05.

[13] 扑克投资家. 供应链金融大时代：美国的昨天、日本的今天、中国的明天 [EB/OL]. http：//business. sohu. com/20161016/n470395917. shtml，2016－10－16.

[14] 风险投资的起源 [EB/OL]. http：//baike. sogou. com/.

[15] 怎么理解导入资本 [EB/OL]. http：//www. zhihu. com/question/23012242/answer/100882428，2016－05－14.

[16] 魏中龙，郭小强. 品牌形象与设计 [M]. 北京：机械工业出版社，2008.

[17] 屈云波. 品牌营销 [M]. 北京：企业管理出版社，1996.

[18] 邹文武. 塑造成功品牌的三大法宝 [J]. 品牌，2011（1）.

[19] 百度文库（企业 CI 与品牌管理第一章绪论），http：//wenku. baidu. com/view/2f061f79a26925c52cc5bfbb. html.

[20] 百度文库（品牌是什么），http：//wenku. baidu. com/view/ef07c106cc175527072208fe. html.

[21] 河南商业高等专科学校（品牌价值与误区），http：//abc. wm23. com/yuzhishui/63430. html.

[22] 百度文库（终端卖场五力模型），http：//wenku. baidu. com/view/b8de6533b90d6c85ec3ac6d4. html.

[23] 商虎资讯（品牌成功到底需要多少要素?），http：//cn. sonhoo. com/info/480590. html.

[24] 百度百科（品牌识别），http：//baike. baidu. com/view/671549. htm.

[25] MBA 智库百科（品牌利益），http：//wiki. mbalib. com/wiki/%E5%93%81%E7%89%8C%E5%88%A9%E7%9B%8A.

[26] 郑州大学远程教育学院——市场营销学（品牌的功能），http：//cod. zzu. edu. cn/newware/scyxx/lljx/zj/ch10/zj10-1-03. html.

［27］道客巴巴（品牌概述——企业文化），http：//www.doc88.com/p-59458191459.html.

［28］百度文库（品牌价值的研究及其意义），http：//wenku.baidu.com/view/39750341a8956bec0975e38a.html.

［29］盛晓东.解析品牌架构［EB/OL］.http：//www.doc88.com/p-8952915024646.html.

［30］品牌架构设计方法［EB/OL］.全球品牌网，2009-10-15.

［31］谢祯忠.规划你的品牌架构［J］.经理人，2002（11）.

［32］智库百科（品牌策略），http：//wiki.mbalib.com/wiki/MBA.

［33］百度百科（品牌策略），http：//baike.baidu.com/view/514318.htm.

［34］成功案例——汇源果汁的品牌策略，http：//cba.cueb.edu.cn/jpkc/gggx/%B0%B8%C0%FD2.htm.

［35］财知百科（品牌学——品牌定位策略的种类），http：//www.wiseivr.com/manage/2010/201001/manage_48271.shtml.

［36］智库文科（品牌命名），http：//wiki.mbalib.com/wiki/.

［37］中国品牌网（品牌构架是一门重要的学问），http：//www.china10.org/psubjectshow1277.html.

［38］天霸商场网（品牌构架问题），http：//manage.tbshops.com/Html/news/93/46020.html.

［39］百度文库（品牌构架），http：//wenku.baidu.com/view/8bf7016c1eb91a37f1115cb0.html.

［40］百度百科（品牌构架），http：//baike.baidu.com/view/4070163.htm.

［41］范秀成.品牌权益及测评体系分析［J］.南开管理评论，2000（1）.

［42］胡旺盛.品牌权益影响因素的实证分析［J］.财贸经济，2007（9）.

［43］翁向东.本土品牌战略［M］.杭州：浙江人民出版社，2002.

［44］黄嘉涛，胡劲．品牌内涵的深层思考［J］．商业研究，2004（4）．

［45］叶秉喜，庞亚辉．宜家产品召回给中国企业的思考［EB/OL］．中国营销传播网，2004-11-26．

［46］韩志锋．品牌伦理［EB/OL］．中国营销传播网，2002-01-08．

［47］厉以宁．企业的社会责任［J］．中国流通经济，2005（7）．

［48］俞利军．国家营销［M］．北京：华夏出版社，2001．

［49］陈祝平．品牌管理［M］．北京：中国发展出版社，2005．

［50］符国群．关于商标资产研究的思考［J］．武汉大学学报，1999（1）．

［51］范秀成．品牌权益及测评体系分析［J］．南开管理评论，2000（1）．

［52］于春玲，赵平．品牌资产及其测量中的概念解析［J］．南开管理评论，2003（1）．

［53］卢泰宏，黄胜兵，罗纪宁．论品牌资产的定义［J］．中山大学学报（社会科学版），2000（4）．

［54］Hong Chen. Image VS. Innovation-Quest for Effective Branding Strategies［C］．中国行业品牌传播国际论坛，2006．

［55］Jan. Slater. What's in a Name-Brand Building Strategies［C］．中国行业品牌传播国际论坛，2006．

［56］李业，王九星．基于消费者角度的品牌资产评估：研究现状与思考［J］．商场现代化，2006（6）．

［57］何孝德．如何运用品牌权益模型创建自主品牌［J］．商业时代，2006（3）．

［58］于春玲，王海忠，赵平．品牌权益理论及其实证研究述评［J］．财经问题研究，2005（7）．

［59］何家讯．品牌资产测量的社会心理学视角研究评价［J］．外国经济与管理，2006（4）．

［60］宁昌会．基于消费者效用的品牌权益模型及应用［J］．中国工业经济，2005（10）.

［61］樊友恒．中小企业品牌创建研究［D］．安徽大学硕士学位论文，2007.

［62］高燕．中小企业品牌管理及成功案例分析［D］．清华大学经济管理学院硕士学位论文，2005.

［63］王永龙．21世纪品牌运营方略［M］．北京：人民邮电出版社，2003.

［64］邵景波等．中国企业品牌理念和管理误区［J］．中国软科学，2003（5）.

［65］于俊秋．论我国企业品牌国际化的经营战略［J］．内蒙古大学学报，2004（3）.

［66］凯文·莱恩·凯勒．战略品牌管理［M］．北京：中国人民大学出版社，2003.

［67］陈志．中国民营企业品牌战略［J］．当代经理人，2006（11）.

［68］刘晓英，畲世红．中小企业的品牌塑造［J］．企业活力，2007（5）.

［69］凯文·莱恩·凯勒．品牌建设八大要点［J］．当代经理人，2007（3）.

［70］菲利普·科特勒．营销管理（第十一版）［M］．上海：上海人民出版社，2003.

［71］戴国良．成功撰写行销企划案［M］．书泉出版社，2012.

［72］新品上市完全上市手册（第六章：新品上市执行＆监控）［EB/OL］.
http：//www.docin.com/p-523969011.html.

［73］王山宝．从价值链的角度看协同效应与品牌策略［J］．经济与管理，2004（7）.

［74］邱红彬．关于品牌定位几个理论问题的探讨［J］．北京工商大学

学报，2002（4）.

［75］畅榕．体验——品牌定位的新要素［J］.市场观察，2002（7）.

［76］姜文君．多品牌策略中的品牌关系管理研究［J］.商业时代，2006（3）.

［77］颜建军．海尔中国造［M］.海口：海南出版社，2003.

［78］大卫·爱格．品牌经营法则［M］.呼和浩特：内蒙古人民出版社，1998.

［79］成君忆．水煮三国［M］.北京：中信出版社，2004.

［80］汪中求．细节决定成败［M］.北京：新华出版社，2004.

［81］张元萍．品牌战略知多少［J］.经济管理，2000（2）.

［82］张明丽．品牌定位的误区及对策［J］.湖北省计划管理干部学院学报，2004（3）.

［83］孙峰刚，高飞．现代市场营销学［M］.太原：山西人民出版社，2001.

［84］郭国庆，成栋．市场营销新论［M］.北京：中国经济出版社，1997.

［85］赵建英．现代企业管理学［M］.太原：山西人民出版社，2005.

［86］［美］凯文·莱恩·凯勒．战略品牌管理［M］.北京：中国人民大学出版社，1998.

［87］刘仲康，刘明身，樊懿德．名牌战略［M］.北京：中国友谊出版公司，1996.

［88］李怀春，张峰．品牌策略的比较选择［J］.企业改革与管理，1999（4）.

［89］张璐．品牌决策：国内企业常忽视的五点［J］.科技经济市场，2002（1）.

［90］温冬开．中国品牌要警惕"消灭式合资"——外商并购本土品牌的策略分析［J］.北京商学院学报，2001（2）.

［91］崔新健，王巾英．集团公司战略组织与管理［M］．北京：清华大学出版社，2005.

［92］郭晓凌．品牌层级与品牌战略［J］商业时代，2003（15）.

［93］李光斗．娃哈哈的品牌节育 VS 养生堂的品牌超生［EB/OL］．浙商网，2005-07-15.

［94］［美］菲利普·科特勒．市场营销管理（亚洲版）［M］．北京：中国人民大学出版社，1996.

［95］徐子健，朱明侠．国际营销学［M］．北京：对外经济贸易大学出版社，1999.

［96］任新．哈佛管理经典［M］．北京：专利文献出版社，1998.

［97］曹海英．浅谈品牌延伸应注意的问题［J］．商业研究，2001（6）.

［98］范秀成，高琳．基于品牌识别的品牌延伸［J］．天津大学学报（社会科学版），2002（4）.

［99］翁向东．本土品牌战略［M］．杭州：浙江人民出版社，2002.

［100］黄嘉涛，胡劲．品牌内涵的深层思考［J］．商业研究，2004（4）.

［101］陈永清，黄嘉涛．品牌识别体系的构成分析［J］．商业时代，2009（12）.

［102］宋柳新．品牌识别的系统策划［J］．企业改革与管理，2011（1）.

［103］曹艳爱．家电企业品牌延伸策略研究［J］．家电科技，2006（11）.

［104］康立文．副品牌策略——企业多元化经营的策略选择［J］．吉林省经济管理干部学院学报，2003（2）.

［105］熊彼特．经济发展理论［M］．北京：商务印书馆，1990.

［106］司春林，孙鲁峰，赵明剑．创新流程与创新模式［J］．研究与发展管理，2003（6）.

[107] 何会涛，韩平．企业组织创新能力及其开发［J］．上海商业，2005（5）．

[108] 周萍．企业创新能力评价［J］．统计与决策，2005（15）．

[109] 董岗，傅铅生．关于企业创新能力的评价模型研究［J］．商业研究，2004（9）．

[110] 苗颖．企业技术创新能力评价研究［J］．理论界，2006（4）．

[111] 王立新，高长春，任荣明．企业创新能力的评价体系和评价方法研究［J］．东华大学学报，2006（3）．

[112] 邵国利，刘敏，企业创新能力评价体系的研究［J］．商业经济，2009（2）．

[113] 百度百科．企业知名度［EB/OL］．http：//baike.baidu.com/view/1243053.html？tp＝0_11.

[114] 百度文库，http：//wenku.baidu.com/view/15ab1448e518964bcf-847c4b.html.

[115] 百度知道，http：//zhidao.baidu.com/question/351127207.html？fr＝qrl&cid＝177&index＝5.

[116] 有效营销，http：//photo.renren.com/photo/274373486/photo－4882470208.

[117] 中国银行家论坛．

[118] 百度百科．多品牌策略［EB/OL］．http：//baike.baidu.com/view/569280.htm.

[119] 搜搜问问，http：//wenwen.soso.com/z/q191648401.htm.

[120] 冯晓青．企业知识产权战略［M］．北京：知识产权出版社，2005.

[121] 朱雪忠．知识产权协调保护战略［M］．北京：知识产权出版社，2005.

[122] 甘忠泽．品牌形象策划：透视品牌经营［M］．上海：复旦大学

出版社，2000.

[123] 吴勇毅．软件企业：自创品牌还是做外包 [EB/OL]．http：// club. ev123. com/article/1_2337. html.

[124] [英] 保罗·斯图伯特．品牌的力量 [M]．尹英译．北京：中信 出版社，2000.

[125] 王瑜．从普通商标到驰名品牌：企业商标全程法律策划 [M]． 北京：法律出版社，2007.

[126] 梁燕．高校专利评估价值现状、影响因素及其对策研究 [J]．成 都理工大学学报（自然科学版），2003（S1）.

[127] 范晓波．论知识产权价值评估 [J]．理论探索，2006（5）.

[128] 郑士贵．论专利与专有技术的价值评估 [J]．管理科学文摘， 1998（5）.

[129] 晏艳阳．产品生产专利价值的评估 [J]．湖南经济管理干部学院 学报，2000（2）.

[130] 张强，赵尊生．高等院校专利资产管理初探 [J]．科技成果纵 横，2000（4）.

[131] 蔡久团，欧阳琪．也谈无形资产评估的重要 [J]．中国资产评 估，2009（4）.

[132] 吴小林．专利价值评估的相关法律问题 [J]．重庆科技学院学报 (社会科学版)，2006（3）.

[133] 聂志毅．企业无形资产的系统管理方式 [J]．经济论坛，2000 (23)．

[134] 百度百科．著作权 [EB/OL]．http：//baike. baidu. com/view/ 26789. htm.

[135] 百度百科．通路关系 [EB/OL]．http：//baike. baidu. com/view/ 103873. htm.

[136] 中国水果博客．品牌水果与通路关系 [EB/OL]．http：//

chinafruit. bokee. com/6552471. html.

[137] 品牌通路与通路品牌：畅想博客——在武汉的日子，http：//blog. vsharing. com/gavin_france/A416930. html.

[138] 熊卫，高金城. 批判营销 [M]. 广州：暨南大学出版社，2007.

[139] 张智翔. 品牌之殇 [M]. 北京：中国时代经济出版社，2005.

[140] 齐中熙. 中国品牌授权业不足世界份额 0.5% [EB/OL]. 东南在线，2005-03-29.

[141] 百度百科，http：//baike. baidu. com/view/149365. htm.

[142] 烟草社区，http：//www. tobaccochina. com/sales/retailcollege/Retailtactics/200912/20091225164447_389441. shtml.

[143] 梅花网知识中心，http：//www. meihua. info/knowledge/article/1424.

[144] 菲利普·科特勒，凯文·莱恩·凯勒. 营销管理 [M]. 王永贵等译. 上海：格致出版社，上海人民出版社，2009.

[145] 杰弗里·兰德尔. 品牌营销 [M]. 上海：上海远东出版社，1998.

[146] 罗伯特·S. 平狄克，丹尼尔·L. 鲁宾费尔德. 微观经济学 [M]. 高远等译. 北京：中国人民大学出版社，2009.

[147] 艾里克·拉斯穆森. 博弈与信息：博弈论概论 [M]. 韩松等译. 北京：中国人民大学出版社，2009.

[148] 菲利普·科特勒，瓦得马·弗沃德. 要素品牌战略：B2B2C 的差异化竞争之道 [M]. 李戎译. 上海：复旦大学出版社，2010.

[149] 凯文·莱恩·凯勒. 战略品牌管理（第 3 版） [M]. 卢泰宏等译. 北京：中国人民大学出版社，2009.

[150] 艾略特·艾登伯格. 4R 营销 [M]. 文武，穆蕊，蒋洁译. 北京：企业管理出版社，2003.

[151] 盛敏. 营销组合模式的演变和发展 [J]. 贵州财经学院学报，

2005（2）.

[152] 吴金明. 新经济时代的"4V"营销组合 [J]. 中国工业经济，2001（6）.

[153] 谢少安. 优化和创新物流外包服务的 4Ps 与 4Cs [J]. 物流与采购研究，2009（2）.

[154] 钟天送，郭文海. 4Ps 营销理论与高校毕业生就业竞争力 [J]. 吉林省教育学院学报，2009（6）.

[155] 谢泗薪，张永庆. 整合营销传播的战略设计与广告媒体 [J]. 中国民用航空，2003（2）.

[156] 杨雪莲，杨波，刘小平. 整合营销战略与 CSR——当代全球营销战略发展的新趋势 [J]. 成都理工大学学报，2003（1）.

[157] 唐·舒尔茨. 新整合营销 [M]. 北京：中国水利水电出版社，2004.

[158] 营销管理>营销战略>由苹果想到的营销 4P [EB/OL]. http：//www. vsharing. com/k/marketing/2011-3/A642396. html.

[159] 百度百科. 4P 营销理论 [EB/OL]. http：//baike. baidu. com/view/1041232. html？goodTagLemma.

[160] 市场营销>组织计划>市场营销组合计划的三个层次 [EB/OL]. http：//www. 51htxw. com/html/Market/201012/1593. shtml.

[161] MBA 智库百科，http：//wiki. mbalib. com/wiki/4P.

[162] 中国营销传播网，http：//www. srcb. com/html/13000/13007/c37164. shtml.

[163] 百度百科，http：//baike. baidu. com/view/1464565. htm.

[164] MBA 智库百科，http：//wiki. mbalib. com/wiki/%E8%90%A5%E9%94%80%E6%88%98%E7%95%A5%E8%AE%A1%E5%88%92.

[165] 职业餐饮网，http：//www. canyin168. com/glyy/yxch/yxal/201103/29160_2. html.

［166］MBA 智库百科，http：//wiki. mbalib. com/wiki/%E4%BA%A7%E5%93%81%E7%AD%96%E7%95%A5.

［167］百度百科，http：//baike. baidu. com/view/958815. htm.

［168］浙江经贸职业技术学院. 市场营销与策划精品课程［EB/OL］. http：//jpkc. zjiet. edu. cn/sheng/2008/scyxych/kc/an_04. aSp.

［169］百度百科，http：//baike. baidu. com/view/5277551. htm.

［170］百度空间：文枫博客，http：//hi. baidu. com/wenfeng8688/blog/item/b3d0e9c4266c37a88226ac90. html.

［171］保罗·斯图伯特. 品牌的力量［M］. 北京：中信出版社，2000.

英文：

［1］Jean- Noel Kapferer. Strategic Brand Management［M］. Les Editions d' Organization，1995.

［2］David A. Aaker . Brand Equity and Advertising［M］. Lawrence Erlbaum Associates，1993.

［3］Aaker D. A. Measuring Brand Equity Across Products and Markets［J］. California Management Review，1996，38（3）.

［4］Keller K. L. Conceptualizing，Measuring，and Managing Customer - Based Brand Equity［J］. Journal of Marketing，1993，57（1）.

［5］Yoo B. ，Donthu N. & Lee S. An Examination of Selected Marketing：Mix Elements and Brand Equity［J］. Academy of Marketing Science，2000（28）.

［6］Yoo B. & Donthu N. Developing and Validating a Multidimensional Consumer−Based Brand Equity Scale［J］. Journal of Business Research，2001（52）.

［7］Park C. S. &Srinivasan V. A Survay−based Method for Measuring and Understanding Brand Equity with Extendibility［J］. Journal of Marketing Research，1994，5（3）.

〔8〕Farquhar P. H. Managing Brand Equity 〔J〕. Marketing Research, 1989 (30).

〔9〕Shocker D. A. , Rajendra K. S. & Robert W. R. Challenges and Opportunities Facing Brand Managenent: An Introduction to the Special Issue 〔J〕. Journal of Marketing Research, 1994 (31).

〔10〕Richard G. Netemeyer, Krishnan Baliji & Pulling Chreis. Developing and Validating Measures of Facets of Customer-based Brand Equity 〔J〕. Journal of Business Research, 2004 (57).

〔11〕Aaker David A. Building Strong Brands 〔M〕. New York: Free Press, 1996.

〔12〕Biel Alexander L. How Brand Image Drives Brand Equity 〔J〕. Journal of Advertising Research, 1993 (6) .

〔13〕H. S. Krishnan. Characteristics of Memory Associations: A Consumer-based Brand Equity Perspective 〔J〕. International Journal of Research in Marketing, 1996 (13).

〔14〕Kapferer J. Strategic Brand Management 〔M〕. Kogan Page Limited, 1992.

〔15〕Clercq D. D. , Sapoemza H. J. , Crijns H. The Internationalization of Small and Medium-sized Firms 〔J〕. Small Business Economics, 2005, 24 (4).

〔16〕Vida I. An Empirical Inquiry into International Expansion of US Retailers 〔J〕. International Marketing Review, 2000, 17 (4/5).

〔17〕Hymer S. The International Operations of National Firm: A Study of Direct Investment 〔M〕. Cambridge Massachusetts: MIT Press, 1976.

〔18〕Madden Thomas J. , Frank Fehle & Susan M. Fournier. Brands Matter: An Empirical Investigation of Brank-bulding Activities and the Creation of Shareholder Value 〔R〕. Harvard Business School Working Paper, 2002.

〔19〕Jinchao Yang. Brand Knowledge and Its Impact on Brand Preferences and Brand Loyalty—A Proposed Model on Brand Equity ［C］. 中国行业品牌传播国际论坛，2006.

［20］ Paul Tempora. Advanced Brand Management ［M］. Sin-gapore：John Wilay & Sons Pte Ltd，2002 .

［21］ Doyle Peter. Building Successful Brands：The Strategic Options ［J］. The Journal of Consumer Marketing，1990，7（2）

《集雪资本》 读后感言一

何为集雪资本？当叶铠嘉先生把这样一个选题发给我，并让我为这本书写点感言时，我的内心是挣扎的。首先，关于资本这类的话题，就目前整个市场经济现状而言，我根本无法说出具体的论调。虽然我一直在做产业经济类的电视节目，但接触的实际情况与政策的解读有许多是无法对比的。但在资金流转方面，仍脱离不了传统借贷模式的窠臼，结果是形成的资金压力也如同雪球般越来越大，不堪重负。所以集雪资本是一把"双刃剑"，如何操作，如何利用，最后又如何顺势化解，在国内资本市场不是很完善的条件下，需要大家的智慧，走出一条符合民营企业特色的、健康的资本运营之路。

随着互联网产业的迅猛推进，企业走传统经营模式的发展之路愈显困顿。面对愈加困顿的局面，一些中小微企业更是显现出急于突破、急功近利的非理性的资本扩充行为。如为争取一些资金投入，根本不顾及自身企业发展现状，盲目融资甚至不惜引入风投势力。其唯一的理由是期待来年或者未来市场的复苏，而很少考虑对国家政策层面的理解，以及市场实际的发展诉求。这也就形成目前社会各行业热衷于各类天使轮、A轮、B轮的投资风潮，但最终导致的是什么呢？想想都惊恐！所以有时我开玩笑地说，都是美梦未醒，醒来之后恐怕是比噩梦还要惊悚的"海啸"。无论是"大众创业，万众创新"还是"互联网+"（其实在欧美，互联网早就是一个传统产业了），甚至一些以创业之名、行卖弄之事的所谓创投精英们，无外乎只是在做些画饼充饥的励志鸡汤，捞取一些社会资源成本，成就一己之"利"，同时也满足了一些发育不良的资本势力用来填补精神层面的恐惧。自身体格的先天性缺陷，始终使他们畏惧和害怕梦醒时分。市场经济也被所谓的意见领袖左右，一味执行着文以载道、精神错乱般的意淫。如果不实际面对市场发展格局，不理性分析自身情况，盲从形形色色的融资风潮，主动或者被动地卷入一场新危机的前奏里翻腾捣鼓，那么请问大家，我们还看得见一个健康的市场前景吗？

实干家从来不缺乏理论，从来不缺乏精神，从来不缺乏信念！宗庆后、李书福、任正非均是如此。

对于集雪资本这个名词，我不知道应该做何详细理解。资本有其流通规律，市场有其形成条件，只有彼此关照才能所向披靡，无往不胜。反之，则是饮鸩止渴，成为资本市场的断魂散。典型的例子就是始于 2007 年"次贷危机"的全球金融危机。可以说，我们现在所有与经济有关的金融环境和市场生态都是与这一危机拼死相搏。集雪资本也许是膏肓之际的一剂药方，虽不能说是猛药，但也有其甘苦之味，可充当预防制剂。只能说，且用之以观后效。因为这不是一己之力而为之的现象，而是倾巢之下的一个托举，也许是壮举，也许是悲剧。但相信集雪资本的理念与实际操作将在资本运作市场里为降低社会成本、提升企业利润、改善投融资市场关系带来些许改变。

汪栉

浙江电视台《今日长三角》栏目导演

《集雪资本》读后感言二

一个堪称"教科书"式的资本运作模式
——读叶铠嘉先生新作《集雪资本》随感

资本运作无疑是当下非常时髦的热门话题。资本运作又称资本运营、资本经营，是中国企业界创造的概念，它指利用市场法则，通过资本本身的技巧性运作或资本的科学运动，实现价值增值、效益增长的一种经营方式。简言之，就是利用资本市场，通过买卖企业与资产而赚钱的经营活动和以小变大、以无生有的诀窍与手段。随着中国企业的快速发展，资本运作的模式层出不穷，各领风骚，成为企业扩张发展的有力武器。

关于资本和资本运作的书，我看过很多。有企业家写的，有新闻记者写的，也有专家学者写的，他们从各个视角描摹、透视了资本运作，展现、揭示了资本、资本运作和资本运作模式的独特故事与辉煌历程。

但叶铠嘉先生的新作明显与众不同。叶先生是一位金牌培训师，本书是其从事教育培训的过程中，消化吸收国内外众多资本运作模式后所总结的独特的、富有个性的创新读本。

叶铠嘉先生系中国台湾朝扬科技大学企管研究所和中国台湾岭东科技大学企管系毕业，获得过 2007~2016 年管理杂志亚洲 500 大华语企管讲师、英国 IPMA-A. T. S 国际认证高阶人力资源管理师、英国 IPMA-A. T. S 国际认证高阶企划商务管理师、台中市企业讲师等荣誉，出版的著作有《未开发国家百货业营销管理》、《全海岸欢乐颂》、《绽放的向日葵》等，已发表了百余篇好文章，在国内小有名气。正是缘于对祖国大陆的敬仰和对中国经济的浓厚兴趣，他毅然选择来到大陆，来到这片他所陌生的，但钟情已久的土地，选择了他所熟悉的企业教育培训工作。而在他的一次培训课程中，我有幸结识他，并邀请他来温州从事企业教育培训工作。

得益于叶铠嘉先生扎实的理论基础和良好的工作素养，在中国大陆，他的创作热情激昂，写作才华发挥得淋漓尽致。在忙碌的工作之余，他写出了大量脍炙人口的教案、论文、研究成果等，很多作品鲜明地展现了他作为一位职业培训师的独特见解和视角。

从叶铠嘉先生的新作中，我们不难发现，作者通过体验式的案例手法，从集雪资本的概念提出、理论形成到实战应用，系统完整地介绍了集雪资本的内涵、外延和应用，创新性地阐述了自己的观察、理解和感悟，可谓兼容并蓄，以点及面，由浅到深。所谓资本运营，就是对公司所拥有的一切有形与无形的存量资产，通过流动、裂变、组合、优化配置等各种方式进行有效运营，以最大限度地实现增值。叶铠嘉先生在国内第一次系统介绍了集雪资本这个创新型资本运营模式。

叶铠嘉先生的集雪资本运营模式，个性独特，令人脑洞大开，处处给人以启发。所谓"以铜为镜，可以正衣冠；以古为镜，可以知兴替；以人为镜，可以明得失"，叶铠嘉先生精心描摹的集雪资本运营模式，在读者心目中既生动又形象，极富启迪性。

叶铠嘉先生的新作质朴无华，因而也显得平实可信。长期的培训生涯熏陶出他求真务实的品格，他笔下的集雪资本运营模式，事事实在，句句真切。在描述集雪资本的内涵与外延时，作者一般不做过多的铺陈，而是以一种较快的节奏展开。这虽然有时让人觉得不过瘾，但"速写"追求的恰恰是神似而无须"素描"那样的细节。当然，对此也不能一概而论。关于采取何种表达方式，作者是从实际出发的。当需要在某些环节上加以雕琢时，其笔触就细腻起来。本书的字句间透露着真情，每一个章节都写得很朴实，极大程度上激起了我们的共鸣，看后让人深思。

在中国大陆经济发展大潮里，不变的追求充溢着叶铠嘉先生生活中每一个真实的日子，这也许是他生命中不能了却的写作之缘吧！

对于本书，我只是匆匆翻阅几遍，以上为一己之见。值此付梓之际，衷心祝愿叶铠嘉先生多出成果。

叶建东

浙江天美文化传播有限公司董事长

（作者系青年作家、中国报告文学学会会员、浙江天美文化传播有限公司董事长，曾出版大型纪实畅销书《东方犹太人》、新闻作品集《走进正泰》等著作。）

《集雪资本》读后感言三

中国自 1978 年开始改革开放，广大的内需市场及外销出口带动了跳跃式的两位数的经济成长，但进入 2010 年后，由于基期的垫高与经济发展到了转型升级的阶段，经济成长趋缓是必然趋势。

转型升级并不代表着要舍弃本来所从事的产业，而是要在原来的产业中提升竞争力，除了改善企业目前的经营体质外，转型升级其实就是实现资本密集与技术密集。技术密集可依赖企业内部的产品及技术的创新来达成，但资本密集就必须依靠外部的资本投入，这意味着将来的小资本创业将越来越难，更需要外部的资本运作来完成。

最近几年，经济的发展让中国的资本市场累积了大量的资本及发展了许多资本工具，中国的资本市场运作风起云涌，加上政府鼓励大众创业、万众创新，吸引了大量的年轻创业者，在资本市场上雄厚资金的推波助澜下，形成了一股投资风潮。然而资本市场的运作必须有一套完整的资本运作模式，集雪资本模型为我们提供了明确的方向。

对于管理与资本运作的关系，集雪资本模型认为，公司管理在融资选择中起着重要作用。同时投资人也由细水长流的心态转换为急功近利，因此被投资方的收入与利润将更加取决于投资人对投资标的的期待，所以做好自身的管理使其能有效地获利已是刻不容缓的工作。

企业在融资过程中，经常会陷入一种月晕模式中，那就是浮夸地包装企业自身短处，将其短处运用取长补短的方式呈现，然而战略布局、内部各项管理、产品质量、营销模式、财务数据等却没有实际的改善，这正是非专业投资人无法正确判断真伪的黑暗之处。资本市场运作存在着各种摩擦因素，企业本身要具备应对未来不利冲击的能力，因此保持一定的财务弹性是控制风险的重要一环。

将资本作为生产要素之一，必须同其他生产要素相结合，进行优化配置，才能发挥资本的使用价值，才能创造价值。生产资本是以生产数据和劳动力形式存在的资本，商品资本是以商品形式存在的资本。产品的优劣会直接或间接地影响投资的获利性，决定市场占有比例，在中长期的资本运作中，它也将决定投资者预期的投资回报速度，在企业资本运作的财务数据中占据着极为重要的地位。

"中国制造2025"战略的公布，极大地鼓舞了制造企业的士气，在汽车、半导体及制药等研发密集型制造业，未来发展值得期待。政府可以采用类似产业母子基金的形式，依靠部分投入吸引大量的社会资本参与。

本书提醒投资方如何判定投资标的，更明确地提醒被投资方关于企业战略、品牌价值、资本运作相结合的方向，是一本值得您一读再读的好书。

吴德村

国内前20企业转型升级战略规划顾问师

《集雪资本》读后感言四

本人作为一名专业的企业精益生产咨询顾问，在世界各地的企业进行项目咨询辅导的过程中，遇到越来越多的企业主和高层干部在咨询关于企业自有资金的运用、资本的募集、股权的分配等资本运作方面的问题。随着国际化进程和市场竞争的加剧，企业要保持一定的竞争力，必然需要依靠各种融资工具、各类股权设计技巧、各种资金高效运用方法来对企业的未来做出良好的规划，而实际上，很多中小企业主在对资金的募集和使用上基本属于白纸一张，多数企业或者省吃俭用利用自有资金去发展，或者采用借高利贷的模式，期望企业能一日千里，结果往往是落入资金断裂的陷阱。

一个偶然的机会，叶铠嘉老师推荐我阅读了《集雪资本》这本书，从一开始翻开这本书看到目录，我就被这本书的内容吸引住了。因为在这本书中，作者用一个常见的"雪"的提法来代替满眼可见的"资本"概念，引起了我的阅读兴趣，然后按顺序看下去，作者对资本的基础概念、资本运作的模式等做出了分层阐述，让缺乏资本概念的中小企业主们能对资本的概念和类型有基本的了解。

在接下来的篇章里，作者没有像一般的写书者那样，用"应该做些什么"、"如何去做融资"的说教方式编写内容，而是用被投资方容易出现哪些误区作为提醒，这对于不甚熟悉资本市场而又继续融资经营的企业主来说，无疑是最好的提醒。

随着阐述的深入，作者用"雪"来模拟资本，用"集雪"来模拟资本的募集，然后通过概念解析、集雪资本运作模式的功能和要素介绍等，让广大读者细致了解"集雪资本"的运作方案，及如何运用"集雪"模式更好地进行资金募集。

而更为实用的是，作者用信息、财务、产品、品牌、创新团队、供应链等各类管理要素对投资要素的影响来逐章进行解析，深入浅出而又令人耳目一新，令人手不释卷。

针对"集雪资本"方法的运用，作者结合实际，给出了众筹、风投、私募基金、内部增发等多种可运作的投融资方式，让各企业主能从多方面选择更适合自己的融资方式。同时，作者也将"集雪资本"的杠杆定律讲解得清清楚楚，告知大家资本增值的途径、运作的技巧及进行国际融资的技巧和概念，可谓满满的都是"干货"。

在本书的最后，作者单独用一章的篇幅分析了品牌资本与资产，从商标、专利、著作权、通路关系、品牌授权等各方面做出了技巧性引导，让读者在读过本书后就能直接投入企业融资实际操作之中，让企业的融资活动真正满足企业发展所需。

整体上来说，本书在生动活泼的文风基础上，将原本刻板的理论知识阐述得清楚明了，并能马上活学活用，不失为为具有各类融资需求的融资小白们提供的一本绝世秘籍，很值得收藏阅读。

朱新芳

深圳宝元精益企业管理顾问有限公司首席顾问

《集雪资本》赞助商名单

浙江浙邦制药有限公司

浙江聚力德乐企业管理咨询有限公司

浙江汇诚知识产权代理有限公司　杜中平

皇城足道服务管理有限公司　何素军

刘建中

胡　红

蔡睿祥

叶佩缇

张　放